Kredit und Zins.

Von

Georg Schmidt,
Doktor der Staatswissenschaften.

Leipzig,
Verlag von Duncker & Humblot.
1910.

Alle Rechte vorbehalten.

Meinem innigst verehrten Lehrer

Georg Friedrich Knapp,

dem Verfasser der
„Staatlichen Theorie des Geldes",

in Dankbarkeit zugeeignet.

Inhaltsübersicht.

Literaturübersicht VII
Einleitung 1
§ 1. Der Begriff des Kapitals 4
§ 2. Leihkapital und Kredit . . . . , . . 6
§ 3. Das Wesen des Kredits 7
§ 4. Geld und Kredit 8
§ 5. Das Geld und der Staatskredit 11
§ 6. Das Geld in der Finanzwirtschaft des Staates 12
§ 7. Die Kreditmittel der Banken 16
§ 8. Kredit und Banken 17
§ 9. Die Veränderung in der Stellung der Kapitalisten. . . . 18
§ 10. Das Wesen des Zinses 22
§ 11. Der Zins beim Sachkredit 23
§ 12. Der Zins beim Wertkredit 23
§ 13. Der unentgeltliche Kredit 25
§ 14. Staatskredit und Bankkredit 26
§ 15. Die Gütervorräte und ihre Zusammensetzung 28
§ 16. Die rechtliche und wirtschaftliche Verteilung der Gütervorräte: Kapital und Vermögen 29
§ 17. Ertrag und Einkommen 29
§ 18. Einkommenverwendung und Kapitalbildung 30
§ 19. Das Kapital und der Zins 32
§ 20. Der Umlauf von Gütern und Geld 35
§ 21. Das Kreditangebot und die Kreditnachfrage 38
§ 22. Die Sicherheit der Banken und die Grundsätze der Kreditgewährung 40
§ 23. Die gesetzlichen und statutarischen Vorschriften als Schran-
ken des Kreditverkehrs 45
§ 24. Der Kredit und die Krisis 46

Literaturübersicht.

G. F. Knapp, Staatliche Theorie des Geldes. Leipzig 1905.
Dr. jur. Friedr. Bendixen, Das Wesen des Geldes. Leipzig 1908.
Arthur Spiethoff, Die äußere Ordnung des Kapital- und Geldmarktes im Jahrbuch für Gesetzgebung, Verwaltung und Volkswirtschaft im Deutschen Reich, herausgegeben von Schmoller, Jahrgang 33, Heft 2, S. 17—39.
Derselbe, Der Kapitalmangel in seinem Verhältnis zur Güterwelt, ebenda Heft 4, S. 43 ff. Leipzig 1909.
Derselbe, Das Verhältnis von Kapital, Geld und Güterwelt, ebenda Heft 3, S. 65 ff.
Otto v. Zwiedineck, Die Einkommengestaltung als Geldwertbestimmungsgrund, Schmollers Jahrbuch, 33. Jahrgang, Heft 1, S. 131 ff.
Georg Schmidt, Der Einfluß der Bank- und Geldverfassung auf die Diskontpolitik. Leipzig 1910.
    Sämtlich bei Duncker & Humblot, Leipzig.
G. de Greef, La Banque nationale de Belgique et le crédit commercial. Brüssel 1899.
M. v. Tugan-Baranowski, Studien zur Theorie und Geschichte der Handelskrisen in England. Jena 1901.

Einleitung.

Am Schluß meiner Arbeit über den Einfluß der Geld- und Bankverfassung auf die Diskontpolitik der Zentralbanken stellte ich als Ergebnis der Arbeit auf, daß der Diskont wie der Zinsfuß in einem Lande nicht vom Kapitalreichtum, sondern allein von der Entwicklung der Kreditorganisation, wie sie durch die Geld- und Bankverfassung ermöglicht und bedingt wird, abhängt.

Dieses Ergebnis scheint der gegenwärtig herrschenden Ansicht durchaus zu widersprechen. Nach dieser hängt die Höhe des Diskontes in einem Lande in der Hauptsache einerseits vom Kapitalreichtum, andererseits von der wirtschaftlichen Tätigkeit des Landes ab.

Diese Ansicht wird etwa folgendermaßen begründet:

Der Zinsfuß ist nichts anderes als der Leihpreis des Kapitals. Die Höhe dieses Leihpreises hängt ab vom Verhältnis des Kapitalangebotes zur Kapitalnachfrage.

Je größer das Kapitalangebot, oder je geringer die Kapitalnachfrage, um so niedriger ist der Leihpreis des Kapitals, der Zins wie der Diskont.

Dagegen ist der Diskont um so höher, je geringer das Kapitalangebot, je größer und dringender die Nachfrage nach Kapital ist.

Das Kapitalangebot wird nun aber naturgemäß am niedrigsten in einem kapitalarmen, am höchsten dagegen in einem kapitalreichen Lande sein. Umgekehrt erscheint es ebenso natürlich, daß in einem Lande, dessen Industrie in starkem Aufschwunge begriffen ist, die Kapitalnachfrage stark zunimmt und den Zinsfuß hoch hält, während in einem Lande mit stagnierender wirtschaftlicher Entwicklung die Nachfrage nach Kapital immer die gleiche bleibt oder gar sich verringert und so der Zinsfuß niedrig gehalten wird.

Hieraus ergibt sich dann ferner, daß der Zinsfuß eines Landes um so niedriger ist, je größer der Kapitalreichtum des Landes ist und je langsamer der wirtschaftliche Aufschwung des Landes sich vollzieht. Entwickelt dagegen ein Land eine lebhafte industrielle und kommerzielle Tätigkeit, oder ist der Kapitalreichtum seiner Bevölkerung ein geringer, so wird der Diskont in dem Lande ein hoher sein. Ist nun diese Ansicht nicht völlig logisch begründet? Wird sie nicht ferner gestützt durch unwiderlegliche Tatsachen? Hat nicht Frankreich, das Land des Rentnervolkes, den am seltensten schwankenden Diskont? Haben nicht auch die kapitalreichen Niederlande einen niedrigeren Diskont als andere Länder, als etwa Deutschland? Ist nicht im kapitalreichsten Lande der Welt, in England, der Diskont niedriger als in kapitalärmeren Ländern wie Deutschland und Österreich, gar nicht zu reden von notorisch verschuldeten Staaten wie Rußland, wo naturgemäß der Diskont am höchsten ist.

Wenn nun dem allen so ist und, wie in diesem Falle, Tatsachen die Richtigkeit der Ansicht bestätigen, wenn die Theorie ferner, was hier doch unzweifelhaft der Fall zu sein scheint, so logisch begründet ist, wie kann man dann überhaupt daran denken, an ihrer Richtigkeit auch nur den leisesten Zweifel zu hegen?

Deshalb, weil es neben den erwähnten — scheinbar die Richtigkeit der Ansicht erweisenden Tatsachen — andere gibt, welche der herrschenden Theorie durchaus widersprechen. Nicht nur ist der Diskont in Frankreich niedriger als in Deutschland, er ist auch niedriger als der in England, also niedriger als in dem kapitalreichsten Lande der Welt, und dabei kann kaum davon die Rede sein, daß der industrielle Aufschwung Englands in der letzten Zeit besonders stark gewesen sei.

Am meisten aber widerspricht der herrschenden Lehre

das Beispiel Belgiens. Dieses Land mit seiner dichten Bevölkerung[1]) verfügt zweifellos nicht über einen relativ größeren Kapitalreichtum als Deutschland. Andererseits ist in Belgien die Industrie hoch entwickelt. Der Anteil dieses Landes am Gesamtaußenhandel der wichtigeren Länder der Erde betrug 1906: 6,9 % gegenüber einem Anteil Deutschlands von 12,4 %[1]). Dabei betrug die Einwohnerzahl Belgiens nur ca. 7,1 Millionen gegenüber derjenigen Deutschlands von 61,5 Millionen[1]). Trotzdem ist der Diskont in Belgien niedriger als in England und Deutschland[2]). Die herrschende Lehre ist erwachsen auf dem Boden der Vergleichung der Diskontbewegung in Frankreich und in Deutschland; aus dem beschränkten Horizont dieses Beobachtungsstandpunktes allein erklärt sie sich. Sie soll rechtfertigen, daß in Frankreich der Diskont niedriger ist als in Deutschland.

Auch die theoretische Begründung der Lehre hält gegenüber einer genaueren Untersuchung nicht stand. Sie stützt sich nur auf die Vieldeutigkeit des Wortes Kapital.

---

[1]) Statistisches Jahrbuch für das Deutsche Reich. 1908. Internationale Übersichten. Anhang S. 3 u. 67.

[2]) Vgl. die oben zitierte Arbeit des Verfassers über den Einfluß der Bank- und Geldverfassung, S. 68 u. a.

§ 1.
Der Begriff des Kapitals.

Die heute herrschende Lehre geht richtig davon aus, daß der Zins unter den gegenwärtigen Kreditverhältnissen, unter der gegenwärtigen Wirtschaftsverfassung abhängig ist vom Verhältnis des Angebotes an Leihkapital zur Nachfrage nach solchem.

Was ist nun aber Leihkapital?

Will man den Begriff des Leihkapitals bestimmen, so muß man den Ausgang vom Begriff des Kapitals nehmen.

Wie v. Waltershausen[1]) sehr richtig bemerkt, versteht der Sprachgebrauch unter Kapital jede Wertsumme, d. h. jede Summe von Werten. Da der Begriff des Kapitals ein wirtschaftlicher ist, kann es sich hier naturgemäß nicht um ethische Werte usw. handeln; Kapital sind vielmehr nur wirtschaftliche Werte, d. h. Dinge, die wirtschaftlichen Wert haben. Wirtschaftlichen Wert haben aber nur solche Dinge, die Mittel zur Erreichung des Zweckes aller Wirtschaft, nämlich Befriedigung der materiellen Bedürfnisse der Menschen sind. Wirtschaftlichen Wert legen wir nur solchen Dingen bei, die von Bedeutung für die Befriedigung der materiellen menschlichen Bedürfnisse sind. Solche sachlichen Mittel zur materiellen Bedürfnisbefriedigung nennen wir Güter. Aber wenn nur wirtschaftliche Güter wirtschaftlichen Wert haben können, so erkennen wir doch nicht allen Gütern eine Bedeutung für die Erreichung des Zweckes der Wirtschaft, nämlich Befriedigung der

---

[1]) A. Sartorius, Freiherr v. Waltershausen, Das volkswirtschaftliche System der Kapitalanlage im Auslande, Einleitung. Berlin 1907.

materiellen Bedürfnisse der Menschen zu. Wir unterscheiden vielmehr freie Güter[1]), d. s. solche Güter, die — wie die Luft, das Licht, das Wasser in wasserreicher Gegend, den Sand am Meere, das Holz im Urwalde usw. — die Natur dem Menschen ohne weiteres in praktisch unbegrenzter, den Bedarf und zwar auch den künftigen übersteigender Menge zur Verfügung stellt, und die daher vom Menschen konsumiert werden können, ohne daß er zu ihrer Beschaffung in der Gegenwart wie in der Zukunft Arbeit aufwenden müßte, und wirtschaftliche Güter[1]), d. h. solche, die im Verhältnis zum gegebenen und zu dem wirtschaftlicher Weise vorauszusehenden Bedarf nur in beschränkter Menge verfügbar sind.

Wirtschaftlichen Wert erkennen wir nur den wirtschaftlichen Gütern zu, ihre Beschaffung allein bildet den Gegenstand wirtschaftlicher Tätigkeit der Menschen.

Dagegen legen wir den freien Gütern keinen wirtschaftlichen Wert bei, denn das Vorhandensein oder Nichtvorhandensein jeder Teilquantität der vorhandenen Güter dieser Art ist ohne Bedeutung, jeder Teil dieser für den Bedarf in praktisch unendlicher Menge verfügbaren Güter ist entbehrlich für die Befriedigung der menschlichen Bedürfnisse.

Kapital sind alle wirtschaftlichen Wert habenden Dinge, also umfaßt das Kapital alle Vorräte wirtschaftlicher Güter — die persönlichen wirtschaftlichen Leistungen werden im Momente ihrer Entstehung konsumiert und können nicht aufbewahrt werden —, die als Mittel zur Befriedigung der materiellen Bedürfnisse der Menschen in der Zukunft angehäuft sind — sei es, daß sie direkt Mittel zur Befriedigung des künftigen Bedarfs, Konsumgüter, sind, oder daß sie nur mittelbar, als Erzeugungsmittel der Befriedigung materieller menschlicher Bedürfnisse der näheren oder ferneren Zukunft dienen.

---

[1]) v. Philippovich, Grundriß der pol. Ökonomie, Bd. 1, Allgem. Volkswirtschaftslehre. 1908. S. 4—7.

Auch die Gebrauchs- und Konsumgüter sind mittelbar **Produktionsmittel, insofern** sie zum Unterhalt der produzierenden Personen, Unternehmer, Angestellten und Arbeiter dienen. Da der größte Teil der die Gütervorräte konsumierenden Personen an der Erzeugung künftiger Güter teilnimmt, so ist die Befriedigung der materiellen Bedürfnisse der Menschen in der Gegenwart zugleich die Voraussetzung und das Mittel der zukünftigen Gütererzeugung. So gelangen wir auch vom Standpunkt der heute herrschenden Lehre, die unter **Kapital** im volkswirtschaftlichen Sinn die Vorräte an „**produzierten Produktionsmitteln**" begreift, wobei verkehrterweise statt vom Endzweck der Wirtschaft, der **Bedürfnisbefriedigung durch Güterkonsum**, vom Mittel derselben, der Gütererzeugung zur Bestimmung des Kapitalbegriffs ausgegangen wird, schließlich zu dem Ergebnis, daß **Kapital alle Vorräte an wirtschaftlichen Gütern sind, die der Deckung des künftigen materiellen Bedarfs zu dienen bestimmt sind.**

Nicht dagegen Kapital sind Wertpapiere wie Aktien, Wechsel, Hypothekenbriefe. Diese repräsentieren vielmehr Rechte an bzw. auf Gütervorräte, Kapitalien, die sich als Fabrikgebäude, als Rohstoffe, Hilfsstoffe, Kaufmannswaren und Wohngebäude im Besitz einer Aktiengesellschaft, des Wechselakzeptanten oder Wechselausstellers, des Hauseigentümers befinden. Sie stellen wirtschaftlich betrachtet Anteile der Inhaber — der Kapitalisten — an Kapitalsmassen dar, die sich im Besitz und in der Nutzung fremder Personen befinden; sie repräsentieren **Kapitalwerte, sind aber nicht Kapital.**

§ 2.
Leihkapital und Kredit.

Ist **Kapital jeder Vorrat an wirtschaftlichen Gütern,** so sind **Leihkapital alle wirtschaftlichen Werte — Güter und Leistungen —,** die

— vom Standpunkt des Gebers — man ausleihen oder – vom Standpunkt des Nehmers — sich leihweise beschaffen kann, die man fortgeben bzw. erhalten kann, ohne sofort den Gegenwert in Gestalt von Gütern und Leistungen dafür zu empfangen bzw. zu geben. Das Leihkapital, welches jemand sich verschaffen kann, nennen wir seinen Kredit. Kredit ist allgemein das Vertrauen darauf, daß man für hingegebene Güter und Leistungen in Zukunft Güter und Leistungen gleicher Menge und gleicher Art (Sachkredit), oder anderer Art und nur von entsprechendem Werte (Wertkredit) erhalten wird. Die Gegenleistung kann die Person machen, die die Güter bzw. Leistungen empfing, oder eine andere.

Unter dem Kredit einer Person verstehen wir das in sie gesetzte Vertrauen, daß sie fähig und bereit sein wird, für empfangene wirtschaftliche Werte zur festgesetzten Zeit, und zwar meistens in Zukunft, die vereinbarte bzw. eine gleichwertige Gegenleistung zu geben.

Leihkapital und Kredit sind also die Erscheinung eines und desselben Gegenstandes von zwei verschiedenen Gesichtspunkten aus betrachtet, ersteres vom Standpunkt des Gebers, letzterer von dem des Nehmers.

§ 3.

Das Wesen des Kredits.

Der Kreditverkehr umfaßt jede Hingabe von Gütern und Leistungen im Vertrauen auf den künftigen Empfang des Gegenwertes.

Dem Kreditverkehr gegenüber steht der Naturaltausch, bei dem die Leistung von Wert und Gegenwert Zug um Zug erfolgt.

Juristisch betrachtet vollzieht sich bei der Kreditgewährung das Aufgeben eines dinglichen Rechtes oder der Ausübung dieses Rechtes seitens des Kreditgebers unter

Begründung eines Forderungsrechtes gegen den Erwerber des dinglichen Rechtes.

Die wirtschaftliche Grundlage jedes Kredits bilden in der Regel die in den Besitz des Kreditnehmers und Schuldners übergehenden oder bereits in seinem Besitz befindlichen Kapitalsmassen, Gütervorräte und nur ausnahmsweise die persönliche Leistungsfähigkeit und Arbeitskraft des Kreditnehmers.

§ 4.
Geld und Kredit.

Auch wer gegen Bezahlung in Geld Güter hingibt oder Dienste leistet, gewährt, vom wirtschaftlichen Standpunkt aus betrachtet, Kredit, denn wer für Geld oder sonstige Zahlungsmittel wirtschaftliche Werte hingibt, nimmt das Geld nur, weil er seinerseits Güter und Dienste kaufen bzw. mieten und mit den Zahlungsmitteln, insbesondere dem Gelde, den Kaufpreis oder Mietzins bzw. Lohn zahlen kann[1]). Das Endergebnis alles wirtschaftlichen Verkehrs ist nicht Empfang von Geld für hingegebene Waren und Dienste, sondern man gibt Güter und Leistungen stets nur hin, um andere Güter und Leistungen dafür einzutauschen, sei es unmittelbar oder durch Vermittlung des Geldes, sei es sofort oder in Zukunft. Der Zweck des wirtschaftlichen Verkehrs wie der der Wirtschaft überhaupt ist ja Befriedigung der materiellen Bedürfnisse der Menschen.

Wirtschaftlich befriedigt ist derjenige, welcher Waren und persönliche Leistungen veräußert, nicht schon, wenn er dafür seine Bezahlung in Geld empfängt, sondern erst dann, wenn er das empfangene Geld wieder ausgegeben hat als Bezahlung für empfangene wirtschaftliche Werte, deren er zur Befriedigung der eigenen Bedürfnisse wie derjenigen seiner Angehörigen bedarf. Mit dem Gelde unmittelbar können die Menschen kein materielles Bedürfnis befriedigen, hierzu bedarf es stets sachlicher Güter oder

---

[1]) Knapp, a. a. O. S. 5, S. 37.

persönlicher Leistungen. Mit dem Schwinden des Vertrauens in die Zirkulationsfähigkeit des Geldes müßte das Geld und zwar auch das vollwichtige Edelmetallgeld gar sehr an Wert einbüßen[1]) oder allen Wert verlieren, denn was sollte der Arbeiter, der Beamte, der Kaufmann mit dem als Lohn, als Gehalt, als Preis für verkaufte Waren erhaltenen Gelde, sei dasselbe auch von Gold oder Silber, anfangen, wenn er nicht andere wirtschaftliche Werte dafür im Austausch erwerben könnte. Er müßte inmitten seiner Metallschätze verhungern, verdursten oder erfrieren, denn mit Edelmetallstücken kann der Mensch die wichtigsten seiner Bedürfnisse, wie Nahrung, Kleidung, Wohnung nicht befriedigen.

Die reale Verwendbarkeit der großen Menge als Geld umlaufenden Goldes würde doch zweifellos nur beschränkt sein, und es ist mehr als fraglich, ob z. B. Deutschlands Bevölkerung geneigt wäre, ihren mehr als drei Milliarden Mark betragenden Geldvorrat als Schmuckgegenstände usw. zu verwerten, ob sie geneigt wäre, einen so großen Teil des Volksvermögens für alle Zeit auf so nutzlose Weise zu verwenden.

Das Geld ist stets nur das Mittel zum gegenseitigen Ausgleich der Forderungen, die aus dem steten Austausch von Gütern und Leistungen in der modernen Verkehrswirtschaft sich zwischen den am Verkehr beteiligten Einzelwirtschaften in steter Wiederkehr ergeben. Es ist eine Erscheinung des Rechtes[2]), das die Verteilung der Gütervorräte, des Kapitals unter die einzelnen Wirtschafts- und Rechtssubjekte regelt.

Auch derjenige, der sich Geld leiht, will nicht das Geld als solches, sondern er will sich Güter[3]) und Dienste leihweise auf Kredit beschaffen und leiht sich dazu das Geld, das nichts weiter darstellt als eine Quittung über hingegebene wirtschaftliche Werte, auf Grund derer man jederzeit wirt-

---

[1]) Spiethoff, a. a. O., Heft 3, S. 82.
[2]) Knapp, a. a. O.
[3]) Spiethoff, a. a. O., 33. Bd., Heft 2. S. 20.

schaftliche Güter und Leistungen von dem auf dem Gelde angegebenen Werte erhält.

Der Darlehengeber erhielt das Geld für geleistete Dienste oder gelieferte Waren; er nahm es, um sich dafür bei Bedarf Sachgüter zu kaufen bzw. Dienste oder Güternutzungen, wie z. B. Wohnung, zu mieten. Wer das Geld nimmt, gewährt demjenigen, der das Geld ausgab, Kredit.

Auch wer, vom Rechte der freien Prägung Gebrauch machend, ihm gehörende Goldbarren in Goldgeld ausprägen läßt, gewährt tatsächlich dem Staate, der aus dem eingelieferten Golde Geld prägt, Kredit. Er tritt dem Staate das Gold als wirtschaftliches Gut ab und verzichtet auf die reale Verwendung des Geldes. Dafür erhält er vom Staate ein zirkulatorisch verwendbares Zahlungsmittel. Ob dieses Zahlungsmittel nun seinerseits auch aus Gold besteht, oder ob der Besitzer für sein Gold vom Staate oder der Zentralnotenbank Noten mit Kurantgeldeigenschaft erhält, ist ganz einerlei. Auch die Goldstücke sind als solche nur zirkulatorisch verwendbar. Zwar gestattet der Staat jedem Inhaber von Goldgeld, das Material des Geldes real zu verwenden, aber in diesem Falle findet eben ein Wiedereintausch des im Gelde enthaltenen Edelmetalls für das Geld seitens des Inhabers statt, denn das verarbeitete, durchlochte, geschmolzene, gewalzte usw. Goldstück hat aufgehört, zirkulatorisch verwendbar zu sein — es hat nicht mehr die Eigenschaft, Zahlungsmittel zu sein —, es ist Ware geworden.

Wer das Geld einem anderen übergibt, überträgt damit zunächst die Forderung gegen den Ausgeber, den Staat bzw. die Zentralbank. Das Eigentümliche des Geldes ist, daß es eine Forderung repräsentiert, die in der Regel nicht nur vom Emittenten — sei dies nun der Staat oder eine Zentralbank — ausgeglichen, kompensiert oder eingelöst wird, sondern gegen deren Übertragung auch jeder Bewohner des Staates gerne Güter verkauft bzw. Dienste leistet.

§ 5.
Das Geld und der Staatskredit.

Daß man für sein Geld stets Güter und Leistungen erhalten kann, beruht darauf, daß der Staat, sofern er sich in geordneten Verhältnissen befindet, sofern seine Finanzwirtschaft eine ordentliche ist, in seinem Budget sich die Einnahmen und Ausgaben das Gleichgewicht halten, und sofern seine Regierung imstande ist, den Staatswillen den Untertanen gegenüber durchzusetzen, innerhalb seines Machtbereiches unbegrenzten Kredit genießt, und zwar deshalb, weil der gefestigte Staat die Macht hat, sich alle in seinem Bereiche befindlichen Gütervorräte anzueignen.

Mit dem Gelde bezahlt der Staat seine Beamten, von denen er die von ihm benötigten Dienste, und seine Lieferanten, von denen er die für die Erfüllung seiner Aufgaben erforderlichen Güter bezieht, z. B. für das Heer: Kanonen, Kasernen, Ausrüstung, Kleidung und Lebensmittel für die Mannschaften, Munition, Pferde und Futter für dieselben, für die Flotte: Kriegsschiffe u. a. m., für die übrigen Zweige der staatlichen Tätigkeit Gebäude und deren Ausstattung, Bureaubedarf, den Bedarf für die Eisenbahnen usw. Der Beamte wie der Lieferant des Staates, der vom Staate für seine Dienste bzw. Lieferungen Geld erhält, gewährt dem Staate so lange Kredit, als er das Geld in Händen hält. Aber er gibt das Geld aus und beschafft sich dafür die von ihm benötigten Güter und Leistungen resp. bezahlt damit Schulden, die er schon vorher einging, als er sich Güter und Leistungen beschaffte. Aus den Händen der Beamten und Lieferanten gelangt also das vom Staate gewissermaßen als Quittung für geleistete Dienste und Sachgüter ausgegebene Geld in die Hände der Bürger und damit der Zahler von Steuern und sonstigen Abgaben. Die Steuerzahler erhalten das Geld nur für hingegebene Güter und Leistungen. Der Staat nimmt also zunächst mittelst Ausgabe des Geldes Kredit bei seinen Beamten und Lieferanten. Diese beschaffen sich ihrerseits den Gegenwert für ihre dem Staat geleisteten Dienste und Lieferungen in Gestalt von Gütern und Leistungen von den Untertanen des Staates und in letzter Linie den Steuerzahlern mittelst Weiterbegebung des Geldes.

Wer das Geld in Händen hat, beweist damit, daß er unmittelbar oder durch Vermittlung anderer Personen dem Emittenten des Geldes wirtschaftliche Werte von bestimmtem Betrage geliefert hat.

§ 6.
Das Geld in der Finanzwirtschaft des Staates.

Nun legt der moderne Staat den Personen, die bzw. deren Güter seiner Gewalt unterworfen sind, die Ablieferung bestimmter Geldsummen als Steuern, Gebühren usw. an die Staatskassen auf.

Durch Ablieferung des Geldes an die Kassen des Staates wird der Untertan und Steuer- oder Abgabenzahler von der Schuld befreit, die der Staat ihm kraft seiner Herrschaft auferlegte. Andererseits erlischt die durch das Geld repräsentierte Forderung des Inhabers gegen den Aussteller auf Ersatz der für das Geld hingegebenen Güter und Leistungen. Das Geld erscheint somit als eine Art Wechsel, der von der Regierung des Staates auf die Untertanen gezogen wird und mittelst dessen der Staat die von ihm den seiner Gewalt unterworfenen Personen auferlegten Leistungen von Gütern und Diensten dem Werte nach einzieht. Während unter der naturalwirtschaftlichen Verfassung der Staat direkt seinen Untertanen Dienstleistungen, Fronden und Lieferungen von Gütern auferlegte oder seine Beamten mit Land ausstattete, so daß der Beamte seinen Lebensunterhalt durch Bewirtschaftung dieses Landes oder Verpachtung desselben gegen Lieferung eines Teils des Ertrages gewinnen konnte oder endlich der Untertan verpflichtet wurde, dem Beamten, wie z. B. dem Träger der Gerichtsbarkeit, dem Gerichtsherrn, bestimmte Dienste und Güter zu liefern, erhebt der Staat in der Gegenwart die Dienstleistungen und Güter, deren er zur Erfüllung seiner Aufgaben und zu seiner Existenz bedarf, von seinen Beamten oder Lieferanten und zwingt die Untertanen mittelst Erhebung von Abgaben, den Beamten und Lieferanten für die von ihnen gemachten Leistungen dem Werte nach Ersatz in Gestalt von Gütern, Kapitalnutzungen oder Diensten zu leisten. Nur so gelangen die Untertanen in den Besitz des Geldes, das für jeden Inhaber eine Quittung des Ausgebers über empfangene Leistungen darstellt, und indem sie dann einen bestimmten Betrag an Geld an die Staatskassen abliefern, erbringen sie dem Staate den Nachweis, daß sie ihm, unmittelbar oder mittelbar, durch Vermittlung der Beamten und Staatslieferanten, Güter und Dienste von diesem Werte geleistet haben.

Indem der Staat als Abgaben bestimmte Summen Geldes einfordert, erhebt er genauer betrachtet nicht Geld, sondern Güter und Leistungen. Er erhebt die wirtschaftlichen Werte, deren er bedarf, in natura von den Beamten und Staatslieferanten. Dem Werte nach dagegen nimmt er die Güter und Dienste in letzter Linie von seinen Untertanen nach deren Leistungsfähigkeit, indem er sie durch die Abgabenerhebung zwingt, den Beamten und Lieferanten durch Hingabe wirtschaftlicher Werte gegen Empfang des Geldes je nach Leistungsfähigkeit Ersatz zu leisten für die Dienste und Güter, die sie dem Staate hingegeben haben.

Wenn im Budget des Staates Gleichgewicht herrscht, so nimmt der Staat innerhalb der Rechnungsperiode gerade so viel Geld an Abgaben ein, wie er als Gehalt an seine Beamten, als Kaufpreis für gelieferte Waren an seine Lieferanten gezahlt hat. Das bedeutet, daß die der Staatsgewalt unterworfenen Personen in diesem Falle im Laufe des Etatsjahres genau soviel wirtschaftliche Werte, Güter und Leistungen an die Beamten und Lieferanten des Staates hingegeben haben, wie diese an den Staat geleistet haben.

Sind die Ausgaben des Staates größer als seine Einnahmen aus Abgaben oder aus Staatsvermögen, so ist der Staat genötigt, Kredit zu nehmen.

Er tut dies zunächst bei seinen Beamten und Lieferanten. Aus deren Händen gelangt das Geld in die Hände anderer Personen für wirtschaftliche Gegenleistungen. Diese jeweiligen Inhaber des vom Staate ausgegebenen Geldes werden zu Kreditgebern des Staates, ohne aber in juristischem Sinne Staatsgläubiger zu werden. Sie haben nicht eine Forderung gegen den Staat auf bestimmte Leistungen, sondern sie haben nur Anspruch darauf, daß der Staat den Wert der für das Geld hingegebenen Güter und Leistungen anrechnet auf die wirtschaftlichen Werte, zu deren Hingabe er die Untertanen zwingt kraft seines Herrschaftsrechtes — durch Erhebung von Abgaben — oder durch freie Vereinbarung — mittelst Aufnahme einer Anleihe. Nimmt der Staat eine Anleihe auf, so tritt durch die Einzahlung des Anleihebetrages keine Veränderung in dem wirtschaftlichen Verhältnis des Staates zu den Anleiheerwerbern ein.

Vor Begebung der Anleihe, als Inhaber des Geldes, wie nach derselben, als Inhaber der Anleihetitres, waren und sind die Anleiheerwerber Kreditgeber des Staates. Während aber der Geldinhaber im Besitze einer — allerdings in der Regel nur im Wege der Aufrechnung gegen eine Forderung des Staates — jederzeit geltend zu machenden Forderung ist, ist der Anleiheinhaber ein Staatsgläubiger, der dem Staate den einmal gewährten Kredit entweder überhaupt nicht oder doch nur nach Ablauf kürzerer oder längerer Zeit entziehen kann. Die Staatsgläubiger können das eingezahlte Geld entweder überhaupt nicht oder doch erst nach Ablauf kürzerer oder längerer Zeit, wenn der Staat — sei es nun auf Grund vertraglicher oder gesetzlicher Verpflichtung — die von ihm aufgenommenen Anleihen tilgt, zurückverlangen, und erst dann können sie wieder in den Besitz der dem Staate hingegebenen wirtschaftlichen Werte gelangen, indem sie das Geld als Bezahlung für empfangene Güter und Dienste bzw. Kapitalnutzungen ausgeben und so sich für die dem Staate kreditierten Werte Ersatz beschaffen von jenen Personen, die verpflichtet sind, dem Staate Abgaben zu leisten. Voraussetzung dafür, daß die Kreditgeber des Staates durch die Kreditgewährung keinen Schaden leiden, ist aber, daß die ordentlichen Einnahmen des Staates groß genug sind, damit der Staat aus ihnen die Erfordernisse für Verzinsung und Tilgung der Staatsschuld neben seinen sonstigen Ausgaben bestreiten kann, d. h. die Staatseinnahmen müssen zur Bestreitung der Ausgaben ausreichen. Nur so sind die Staatsgläubiger sicher, daß sie für ihre dem Staate direkt oder mittelbar gegen Geld hingegebenen wirtschaftlichen Werte nicht nur Geld, für das Geld dann Staatsschuldverschreibungen, und für diese dann endlich nach längerer oder kürzerer Zeit wieder Geld erhalten, sondern, daß sie für ihr Geld oder vielmehr für die anfangs hingegebenen Güter und Leistungen wirtschaftliche Werte zurückempfangen und zwar aus den Händen derjenigen Personen, die dem Staate Abgaben zu leisten haben.

Hierin liegt auch die Erklärung für die Entwertung der Assignaten in der französischen Revolution. Nicht verkehrte Art der Fundierung durch fixe Kapitalien — nämlich Domänen und konfiszierte Güter — ist der Grund für die Entwertung der Assignaten[1]), sondern die vollständige Zerstörung des Staatskredites infolge des Mißverhältnisses, das zwischen den Staatseinnahmen und -ausgaben damals bestand, und seinen Grund in dem beinahe gänzlichen Ausfall der ordentlichen Einnahmen während der Revolution bei durch die Kriege mit den übrigen europäischen Mächten ungeheuer angewachsenen Staatsausgaben hatte.

Der Wert des Geldes beruht also auf dem Vertrauen in seine Zirkulationsfähigkeit; diese ihrerseits hat ihren Grund in der Annahme des Geldes seitens des Staates und damit in dem Kredit des Staates, der sich stützt auf die Macht und Ordnung des Staates nach innen wie nach außen. Bisweilen findet die Umlaufsfähigkeit des Geldes ihre Grundlage aber nicht nur in dem Kredit des Staates, nämlich dann, wenn das durch die Akzeptation, d. h. die all-

---

[1]) dieses behauptet Bendixen, a. a. O. S. 47.

gemeine Annahme bei den Staatskassen, zum Gelde erhobene Zahlungsmittel[1]) nicht vom Staate selbst, sondern von anderer Stelle, z. B. einer Notenbank ausgegeben wurde.

§ 7.
Die Kreditmittel der Banken.

Diese Notenbanken geben ihre Noten aus, wenn sie Kredit gewähren, wenn sie Wechsel diskontieren oder Darlehen gegen Pfand gewähren.

Derjenige, der sich die Noten bei der Bank leiht oder seinen Wechsel gegen Noten diskontieren läßt oder der sich einen bei der Bank entliehenen Betrag auf sein Girokonto bei der Bank gutschreiben läßt, beabsichtigt mit den von der Bank erhaltenen Noten bzw. durch Überweisung von seinem Konto auf das Konto seines Gläubigers gekaufte Güter oder gemietete Leistungen — gemietete Dienste, gemietete oder gepachtete Nutzungen von Gütern, z. B. Wohnung, und Gütervorräten — zu bezahlen.

Er hatte also sich Güter und Leistungen auf Kredit beschafft gegen Eingehung der Verpflichtung, den geschuldeten Kaufpreis bzw. Mietzins zu zahlen. Diese rechtliche Verpflichtung tilgt er durch Hingabe von Noten oder mittelst Scheck bzw. Überweisung. Derjenige aber, der bei Bezahlung von Kaufpreis oder Miet- bzw. Pachtzins Noten oder Gutschrift auf sein Bankkonto empfängt, gewährt nunmehr statt dem Käufer, Mieter, Pächter der emittierenden Bank Kredit, denn er hat Güter und Leistungen hingegeben, ohne den Gegenwert in wirtschaftlicher Gestalt zu empfangen. Er hat dafür ein Zahlungsmittel erhalten, mit dem er zunächst nur Zahlungen an den Emittenten, die Bank, und eventuell auch an den Staat leisten kann.

---

[1]) Knapp, a. a. O. S. 86.

§ 8.
Kredit und Banken.

In der Regel ist aber jedermann bereit, für Banknoten bzw. Gutschriften auf Girokonto geradeso wie für vom Staate ausgegebenes Geld alle verfügbaren wirtschaftlichen Werte hinzugeben. Die Notenbanken sind also an sich in der Lage, gegen Ausgabe von Noten bzw. Gutschrift auf Girokonto unbegrenzten Kredit ohne Zinsen zu erhalten. Die Banken benutzen den von ihnen in Anspruch genommenen Kredit aber nicht für ihre eigenen Zwecke, sondern sie nehmen Kredit nur, um ihrerseits ihren Kunden Kredit gewähren zu können. Sie nehmen die gegen die Banknoten bzw. den auf Konto bei ihr gutgeschriebenen Betrag hingegebenen Güter und Leistungen ja nicht für sich selbst sondern für ihre Kunden in Anspruch. Die Banken geben nur für die von ihrem Kunden genommenen wirtschaftlichen Werte denjenigen, welche diese Werte hingegeben haben und Gläubiger der Kunden der Bank geworden sind, an Stelle einer Forderung gegen den Kunden eine — bisweilen allerdings nur im Wege der Aufrechnung gegen eine Forderung der Bank geltend zu machende — sofort fällige Forderung gegen die Bank. Die Banken ihrerseits werden dafür Gläubiger ihrer Kunden. Sie erhalten eine Forderung gegen diese, die nur durch Ablieferung von staatlich emittiertem Gelde oder von seiten der Bank ausgebenen Zahlungsmitteln, Noten bzw. Schecks oder Überweisung, also nur dadurch getilgt werden kann, daß die Schuldner Gläubiger der Banken werden und eine Aufrechnung der gegenseitigen Forderungen zwischen der Bank und ihren Kunden stattfindet. Die von der Bank ausgegebenen Zahlungsmittel erhalten die Schuldner der Bank aber nur, indem sie ihrerseits wirtschaftliche Werte an die Gläubiger der Bank, die Bankguthaben und Noten für hingegebene wirtschaftliche Werte erhalten haben, zurückerstatten.

Die Kunden der Banken verschaffen sich also zunächst gegen Übernahme der Zahlungsverpflichtung wirtschaftliche

Werte, Güter oder Leistungen. Die dem Kreditgeber eingegangene rechtliche Zahlungsverpflichtung tilgen sie durch Übertragung von Zahlungsmitteln, die sie sich von der Bank unter Eingehung einer rechtlichen Verbindlichkeit zur späteren Rückzahlung der Bank gegenüber verschafft haben. Die Schuldner der Bank liefern ihrerseits den Gläubigern und Kreditgebern der Banken wirtschaftliche Werte und erhalten dafür Banknoten oder Gutschrift des Wertes auf das Konto bei der Bank. Sie werden dadurch selbst die Kreditgeber ihres Kreditgebers und Gläubiger ihres Gläubigers, der Bank, und damit indirekt ihre eigenen Kreditgeber. Mit den erhaltenen Zahlungsmitteln können sie ihre Schuld an die Bank tilgen und damit erlöschen gleichzeitig das Rechtsverhältnis — Forderungs- bzw. Schuldverhältnis — und das wirtschaftliche Kreditverhältnis.

Die Banken spielen also im Wirtschaftsleben die Rolle der Kreditvermittler; sie nehmen wirtschaftliche Werte, Gütervorräte, Leistungen in Anspruch nicht für den eigenen Bedarf, um sie zu verbrauchen oder um damit zu produzieren oder Handel zu treiben, sondern um sie dritten Personen, nämlich ihren Kunden zur Verfügung zu stellen; sie werden dabei die Schuldner derjenigen Personen, die über Anrechte an oder auf Kapital verfügten und gegen Banknoten, Bankguthaben, Bankpfandbriefe abgetreten haben, und Gläubiger jener Personen, die die vorhandenen Gütervorräte kreditweise in Anspruch nehmen, und sich dabei der Vermittlung der Banken bedienen.

§ 9.

Die Veränderung in der Stellung der Kapitalisten.

Mit der zunehmenden Entwicklung des Kreditverkehrs hat auch die Stellung des Kapitalbesitzers durchgreifende Umwälzungen erfahren. War ursprünglich der Kapitalbesitzer zugleich auch der Eigentümer der in seinem Besitze befindlichen von ihm zur Deckung des gegenwärtigen oder künftigen Bedarfs unmittelbar oder mittelbar — als Produktionsmittel — verwendeten Gütervorräte, und hatte er so die unumschränkte Verfügungsmacht über seinen Besitz, so tritt mit Entwicklung des Kreditverkehrs, d. h. der Hingabe von Gütern und Leistungen ohne sofortigen Empfang der Gegenleistung eine Trennung von Kapitalisten, Kapitalherren, d. h. denjenigen Personen, die als Gläubiger, Verpächter, Vermieter, Darlehengeber die wirtschaftliche Verfügungsmacht haben, und Kapitalbenutzern ein, die Mieter, Pächter oder Darlehennehmer und Eigentümer kreditweise beschafften Kapitals, also Kreditnehmer und Schuldner der Kapitalisten sind.

Hat der Vermieter noch ein Recht auf Rückempfang der hingegebenen, vermieteten oder verpachteten Sache, wobei allerdings auch der Mieter oder Pächter seinerseits berechtigt ist, die empfangene Sache zurückzugeben, und zur Rückgabe auch nur dieser Sache verpflichtet ist selbst wenn dieselbe im Preise gefallen ist und an Verkehrswert eingebüßt hat, so kann der Geber von Gelddarlehen wie derjenige, der den Kaufpreis für hingegebene wirtschaftliche Werte gestundet hat, nicht die fortgegebenen Werte selbst in natura zurückverlangen, sondern er hat nur Anspruch auf Bezahlung des vereinbarten Betrages in dem vom Staate als allgemeines Zahlungsmittel anerkannten Gelde. Für dieses Geld kann der Gläubiger aber Güter und Leistungen, sei es von der Art der fortgegebenen oder sonstige Werte, nur erhalten, wenn solche den Besitzern der Gütervorräte verkäuflich sind und nur zu dem von den leistungsfähigen und leistungsbereiten Personen verlangten Preise.

Ein weiterer Schritt in der Umwälzung der Stellung des Kapitalbesitzers aber hat sich mit der Ausbildung des Bankwesens insbesondere in neuester Zeit vollzogen. Hierdurch ist ein Teil der wirtschaftlichen Verfügungsmacht von den Kapitalisten auf die Banken übergegangen. Durch diese neueste Entwicklung des Kreditverkehrs ist eine teilweise Expropriation der Kapitalbesitzer eingetreten.

Den Ausgang nimmt diese Entwicklung von der Entwicklung des Geldwesens. Der Staat ist imstande, mittelst

Ausgabe von Geld über alle von ihm gewünschten, in seinem Machtbereich befindlichen Güter und Leistungen zu verfügen und sie zu erlangen, sei es unmittelbar für sich oder für andere Personen, z. B. für seine Lieferanten, Beamten oder Staatsgläubiger als Entgelt für die von diesen Personen dem Staate gegebenen wirtschaftlichen Werte.

Die Inhaber des vom Staate ausgegebenen Geldes haben auf die im Eigentum enthaltene rechtlich umfassendste Verfügungsmacht an bestimmten Gütern verzichtet und können nur mittelst des Geldes durch Kauf- bzw. Mietverträge Eigentum oder andere Rechte an veräußerlichen Gütern und Leistungen erwerben. Ebenso verzichtet auch derjenige, der gegen Bezahlung in Noten oder Guthaben bei einer Bank Kredit gewährt, auf die Ausübung seines Eigentumrechtes an den hingegebenen Gütern nicht nur wie bei Vermietung oder Verpachtung auf kürzere oder längere Zeit, sondern für immer. Er hat aber eine — zum mindesten durch Aufrechnung — jederzeit geltend zu machende Forderung gegen die Bank, und gegen Abtretung dieser Forderung sind nicht nur die Kunden der Bank, sondern ist in der Regel jedermann bereit, wirtschaftliche Werte hinzugeben, allerdings nur zu dem von ihm geforderten Preise.

Noch mehr verliert der Eigentümer von seiner rechtlichen und wirtschaftlichen Machtbefugnis, wenn er seine Gütervorräte bzw. die hierfür erhaltenen Zahlungsmittel dazu verwendet, um Wechsel, Hypothekenforderungen und andere persönliche Schuldforderungen zu erwerben. In diesem Falle verzichtet er nicht nur für immer auf die Ausübung der Herrschaft über die hingegebenen Güter, sondern auch auf den Erwerb des Eigentums an anderen Gütern für kürzere oder längere Zeit, nämlich mindestens bis zur Fälligkeit oder Veräußerung der Forderung.

Durch die Ausgestaltung des Bankwesens endlich hat die wirtschaftliche und rechtliche Macht der Kapitalisten am meisten an Bedeutung verloren. Da die Banken nahezu überall in die Kreditgewährung sich als Vermittler eingeschoben haben, und da sie dem einzelnen Gläubiger gegenüber eine gewaltige kapitalistische Übermacht haben, so sind sie in der Regel imstande, den Kreditgebern die Bedingungen der Kreditgewährung einfach zu diktieren. Andererseits nehmen sie aber auch den Kreditsuchenden gegenüber eine erdrückende Machtstellung ein.

Worauf beruht nun diese übermächtige Stellung der Banken, infolge deren die Kapitalisten zu einfachen Gläubigern der Bank, die ihnen einseitig ihre Bedingungen diktiert, die kreditbedürftigen Unternehmer und rechtlichen Eigentümer der Gütervorräte aber zu auf die Banken angewiesenen und von ihnen abhängigen Schuldnern werden?

Sie erklärt sich aus der Rolle, die die Banken im Wirtschaftsleben spielen.

Wie wir sahen, sind die Banken in erster Linie Kreditvermittler. Sie nehmen Kredit für fremde Personen in Anspruch; sie nehmen Kredit, um Kredit zu gewähren. Das hat für den Kapitalisten den Vorteil größerer Sicherheit vor der Gefahr von Kapitalverlusten durch Kreditgewährung. Während, wer einer Privatperson Kredit gewährt, als Pfand für die Bezahlung des kreditierten Betrages und damit für den Rückempfang des Wertes der von Seiten des Gläubigers hingegebenen Güter und Leistungen nur die im Vermögen des Schuldners bzw. eines Dritten, z. B. bei Bürgschaft oder Hypothek auf ein fremdes Grundstück, befindlichen Gütervorräte hat, besteht die Sicherheit für eine Forderung gegen die Bank in dem Werte sämtlicher Forderungen der Bank. Dadurch, daß bei der Bank sich nicht die Schuld nur einer oder weniger Privatpersonen und die Forderung einer solchen, sondern, durch Vermittlung der Bank, die Schulden vieler Privatpersonen zusammen den Forderungen vieler Personen gegenüberstehen, findet ein Ausgleich zwischen der mit der Kreditgewährung im Einzelfalle verbundenen, größeren oder geringeren Gefahr des Verlustes der Kapitalwerte statt, der bei der Kreditgewährung unter Privaten unmöglich ist.

Während ein Privater unmöglich voraussehen kann,

wie groß die Gefahr des Verlustes seines Kapitals ist, wenn er einer Privatperson Kredit gewährt, kann eine Bank mit ziemlicher Sicherheit vorausberechnen, wieviele unter der großen Zahl ihrer Forderungen unsicher sein werden und wie hoch der hieraus erwachsende Verlust sein kann. Sie kann mit Leichtigkeit aus den Zinserträgnissen diese Verluste, die in der Regel nur einen geringen Teil des Zinsenertrages ausmachen, decken.

Die Banken wirken so wie eine Versicherung gegen die durch die Kreditgewährung erwachsenden Schäden. Sie übernehmen dabei aber zugleich die mit der Kreditgewährung verbundene Mühe.

§ 10.
Das Wesen des Zinses.

Mit der in der Stellung des Kapitalisten eingetretenen Änderung hat auch die Vergütung an den Kapitalisten für Gewährung von Kredit, der Zins, einen ganz anderen Charakter erhalten, als er ursprünglich besaß.

Betrachten wir zunächst einmal Miet- und Pachtzins. Durch Vermietung oder Verpachtung verzichtet der bisherige Eigentümer zeitweilig auf die Ausübung der ihm zustehenden ausschließlichen und vollständigen Herrschaft über die vermietete bzw. verpachtete Sache und überläßt deren Besitz einer anderen Person, damit diese die Nutzung bzw. den Ertrag der Sache zieht.

Der Miet- bzw. Pachtzins ist demnach eine Entschädigung des Vermieters bzw. Verpächters dafür, daß er auf die Ausübung seines vollen Eigentums für die Dauer des Miet- oder Pachtvertrages verzichtet. Der Zins ist hier ferner eine Entschädigung für die dem Vermieter oder Verpächter entgehende und dem Mieter bzw. Pächter zufallende Nutzung oder den Ertrag der Sache sowie eine Prämie für das vom Eigentümer zu tragende Risiko des Unterganges bzw. der Verschlechterung der verpachteten oder vermieteten Sache und ein Entgelt für die Abnutzung der Sache durch den Gebrauch seitens des Mieters oder Pächters. Vom Standpunkt des Mieters aus dagegen ist der Miet- resp. Pachtzins eine Vergütung für die Nutzung oder den Ertrag der Sache, die ihm infolge der Mietung bzw. Pachtung zufallen.

§ 11.
Der Zins beim Sachkredit.

Anderen Charakter hat der Zins beim Sachdarlehen. Hier überläßt der Kreditgeber dem Darlehennehmer eine bestimmte Menge Güter bestimmter Art gegen das Versprechen, nach Ablauf der vereinbarten Zeit die gleiche Menge Güter der gleichen Art dem Kreditgeber zurückzuerstatten. Der Zins ist also hier eine Vergütung für die vom Darlehengeber entbehrte, dem Kreditnehmer zufallende Nutzung oder Ertrag der dargeliehenen Güter.

Er stellt ferner eine Vergütung dar für das mit der Kreditgewährung verbundene Risiko der Leistungsunfähigkeit des Schuldners zur Zeit, wo er die empfangene Leistung zurückerstatten soll.

Dagegen trägt die Gefahr des Unterganges der hingegebenen Güter beim Darlehen nicht, wie bei Verpachtung und Vermietung der Kreditgeber, sondern der Kreditnehmer, der ja Eigentümer der Sachen wird. Er trägt auch die durch den Gebrauch erfolgende Abnutzung der Güter und die dadurch eintretende Wertverminderung.

§ 12.
Der Zins beim Wertkredit.

Bei der Kreditgewährung in Gestalt von Gelddarlehen hat der Zins abermals seinen Charakter verändert. Wer Geld in Händen hat, gewährt, wie wir sahen, bereits Kredit; er hat wirtschaftliche Werte, ohne den Gegenwert in wirtschaftlicher Gestalt zu empfangen, hingegeben. Für diese Kreditgewährung erhält er keinen Zins, weil mit der Kreditgewährung an den Staat wegen der Allgewalt des Staates ein Risiko für die Untertanen regelmäßig, in einem geordneten Staat, nicht verbunden ist, und weil man jederzeit für sein Geld sich durch Kauf, Miete, Pacht wirtschaftliche Werte nach seinem Belieben verschaffen kann. Wer nun sein Geld einem anderen darleiht, verliert damit für die Dauer der Darlehengewährung die Möglichkeit, sich für die für das Geld hingegebenen Werte andere wirtschaftliche Werte, anderes Kapital zum Ersatz zu verschaffen und dessen Nutzungen bzw. Ertrag zu ziehen. Er trägt andererseits die Gefahr der Zahlungsunfähigkeit des Darlehennehmers. Der Zins ist also beim Gelddarlehen eine Prämie für die vom Gläubiger zu tragende Gefahr der Zahlungsunfähigkeit des Schuldners sowie ein Ersatz für die Nutzungen bzw. Erträge des mit Hilfe des Geldes jederzeit beschaffbaren Kapitals.

Mit der Entwicklung des Bankwesens, mit dem Auftreten der Banken als Kreditvermittler ist das Wesen des Zinses abermals ein anderes geworden.

Bei dem durch eine Bank vermittelten Kredit müssen wir den Zins, den die Bank von ihren Schuldnern nimmt, und den Zins, den die Bank selbst den Kreditgebern vergütet, unterscheiden. Wie wir sahen, ist das sonst vom Kreditgeber zu tragende Risiko der Zahlungsunfähigkeit des Schuldners ebenso wie die Mühe, die die Kreditgewährung den Kreditgebern verursacht, also insbesondere Erledigung und Prüfung der Kreditgesuche bezüglich der Kreditwürdigkeit des Kreditsuchenden und womöglich Überwachung der pekuniären Verhältnisse des Kreditnehmers noch nach erfolgter Kreditgewährung, von den Kapitalisten auf die Kreditvermittlungs-, Kapitalleihinstitute, die Banken übergegangen.

Die Gläubiger der Banken dagegen, die Depositen- und Girokonteninhaber, die Banknoteninhaber, tragen bei einer solide geleiteten Bank weder das geringste Risiko, noch aber entsteht ihnen durch die Kreditgewährung irgendwelche Mühewaltung. Der von den Banken geforderte Zins ist also teils eine Risikoprämie, teils ein Entgelt für die Tätigkeit der Banken. Der Zins dagegen, den die Bank selbst den Kreditgebern gewährt, wie z. B. für von ihr ausgegebene Pfandbriefe oder für nur nach vorheriger befristeter Kündigung fällige Depositen, ist nur ein Entgelt für den zeitweiligen Verzicht auf die Rückforderung des eingezahlten Geldes und damit auf die Erlangung des Gegenwertes der für das Geld hingegebenen Güter und Leistungen. Soweit der der Bank gewährte Kredit jederzeit fällig ist, wie z. B. das Girokonto resp. die Banknote, ist daher eine Vergütung von Zinsen seitens einer sicheren Bank ungerechtfertigt und daher auch nicht üblich.

§ 13.
Der unentgeltliche Kredit.

Wovon hängt nun die Höhe des Zinses ab?

Die herrschende Ansicht erwidert auf diese Frage: vom Verhältnis des Angebotes an Leihkapital zur Nachfrage nach solchem. Das ist richtig, sofern man unter Leihkapital Kredit versteht.

Unrichtig aber ist der von der herrschenden Ansicht vorgenommene Schluß, daß dann das Verhältnis von Kreditangebot und Kreditnachfrage unmittelbar abhänge von der Menge des in einem Lande vorhandenen Kapitals, vom Kapitalreichtum der Bevölkerung, die ihrerseits abhängig ist von der Spartätigkeit. Dies ist richtig nur für Pacht-, Miet- und Realdarlehenzins. Bei Pacht, Miete und Realdarlehen werden von Seiten der Kreditsuchenden Güter ganz bestimmter Art nachgefragt, und geradeso wie der Preis der Güter irgendwelcher Art von dem Verhältnis des Angebotes zur Nachfrage dieser Güter abhängig ist, hängt auch der Preis für die Nutzung oder den Ertrag dieser Güter — und diesen stellt beim Real- oder Sachkredit der Leihpreis für das Kapital, der Zins, dar — von dem Verhältnis ab, das zwischen dem Angebot und dem dasselbe bedingenden Vorrat an Gütern dieser Art einerseits und der Nachfrage nach diesen Gütern andererseits besteht.

Ganz anders verhält es sich aber mit dem Zins beim

Wertkredit, dem Entgelt für den durch Hingabe von Geld, Banknoten, Annahme von Wechseln an Zahlungsstatt, Zahlungsstundung, Übertragung von Bankguthaben gewährten Kredit.

In allen diesen Fällen hat der Kreditgeber zunächst bereits wirtschaftliche Werte, Güter und Leistungen an eine andere Person gegen deren Verpflichtung zur Bezahlung des vereinbarten Wertes hingegeben, ohne wie beim Naturaltausch sofort den wirtschaftlichen Gegenwert zu empfangen. Er hat nur einen Anspruch auf Bezahlung des vereinbarten Preises bzw. Lohnes und zwar zunächst in dem vom Staate als allgemeines Zahlungsmittel anerkannten Kurantgeld, d. h. er ist bereit, dem Emittenten des Geldes, dessen Kredit, falls nicht der Staat selbst sondern etwa die Zentralbank das Geld ausgab, durch die Akzeptation, d. h. die Annahme seitens des Staates bei den öffentlichen Kassen, um den Kredit des Staates wächst, ohne Zinsvergütung den Wert der hingegebenen Güter oder Leistungen zu kreditieren. In unserer Zeit ist jeder Eigentümer von Gütervorräten, von Kapital bereit, sein ganzes verfügbares Kapital, alle verfügbaren Güter und Leistungen zu veräußern, wenn er dafür eine mit Sicherheit jederzeit in die von ihm benötigten bzw. gewünschten Güter umsetzbare, zirkulationsfähige Forderung erhält, also Geld, Banknoten, Guthaben bei einer soliden Bank.

Der Kapitalist ist deshalb stets bereit, die Güter und Leistungen, über die er verfügt, zu veräußern, weil mit ihrem Besitz die Gefahr der Preisminderung infolge sinkender Nachfrage oder des Unterganges bzw. der Verschlechterung verbunden ist. Jedes Unternehmen produziert und erwirbt ja, um zu veräußern und veräußert, um mit Gewinn wieder zu erwerben.

§ 14.
Staatskredit und Bankkredit.

Während ursprünglich nur das vom Staate ausgegebene Geld das Vertrauen in seine jederzeitige Umsetzbarkeit genoß, eben wegen der absoluten und praktisch unbegrenzten Kreditwürdigkeit des geordneten Staates, sind mit der Ausbildung des Bankwesens, insbesondere mit der Entwicklung großer zentraler Bankinstitute, die Bankzahlungsmittel, Banknote und Giroguthaben dem staatlicherseits ausgegebenen Gelde ebenbürtig an die Seite getreten.

In vielen Fällen hat sich sogar der Kredit der Banken dem des Staates überlegen gezeigt, eben weil die Banken Kredit nur nehmen, um Kredit zu gewähren, also bei den Banken den Verbindlichkeiten Forderungen der Banken gegenüberstehen, wogegen der Staat in der Regel für eigene Zwecke Kredit in Anspruch nimmt und erst hinterher kraft seiner Herrschermacht den eigenen Verbindlichkeiten Forderungen gegen seine Untertanen gegenüberstellt.

Ist die Regierung des Staates, wie z. B. während der großen Revolution in Frankreich, nicht imstande oder nicht gewillt, den Schulden des Staates genügende Einnahmen: Steuern und andere Abgaben gegenüberzustellen, so kann der Kredit des Staates eine starke Erschütterung erfahren. Unter solchen Verhältnissen wie insbesondere auch während eines Krieges greift dann der Staat gelegentlich — diese Erscheinung wiederholte sich in fast allen Staaten, während sie sich im Kriegszustande befanden —, so z. B. Österreich 1848 und 1859, England in den Napoleonischen Kriegen, Frankreich 1848 und 1870, zur Unterstützung seines Kredites auf die Zentralbank über und sucht ihren Kredit für seine Zwecke nutzbar zu machen. Aber auch in Friedenszeiten bedient sich der Staat der Vermittlung der Banken zur Befriedigung seines Kreditbedarfes und zwar sowohl zur Beschaffung kurzfristigen Kredites mittelst Schatzanweisungen wie zur Unterbringung seiner Anleihen.

Trotzdem beruht scheinbar auch heute noch das moderne Kreditwesen mit seinem Geld- bzw. Wertkredit auf dem Kredit des Staates, denn in allen Staaten, in denen nicht die Banknoten selbst, wie in Österreich-Ungarn valutarisch sind, sind die Banken rechtlich verpflichtet, auf Verlangen ihre Noten und Girokonten in vom Staate ausgegebenes Geld einzulösen; aber eben nur scheinbar bildet das vom Staate ausgegebene Edelmetallgeld noch heute die Grundlage der Kreditorganisation. Tatsächlich ist es als Zahlungsmittel wie als Kreditmittel infolge der mit der wachsenden Konzentration im Bankwesen eingetretenen, mehr und mehr zunehmenden Festigung der Kreditorganisation der Banken immer weiter zurückgedrängt worden durch die von den Banken ausgegebenen Zahlungs- und Kreditmittel: die Banknote und das Girokonto, deren sich selbst der Staat bei seinen Zahlungen wie zur Kreditnahme bedient. Auch die frei prägbaren Edelmetalle werden in der Regel nicht mehr in Geld ausgeprägt, sondern bei den Zentralbanken eingeliefert, die kraft gesetzlicher oder statutarischer Vorschrift verpflichtet sind, Noten oder Girogutschriften dafür zu geben, das eingelieferte Metall selbst aber, das sie für Rechnung des Staates angekauft haben und dessen Wert sie dem Staat vorläufig kreditieren, in Barren- oder Valutenform aufbewahren.

§ 15.
Die Gütervorräte und ihre Zusammensetzung.

In einem bestimmten Augenblicke besteht in der Volkswirtschaft ein bestimmter Vorrat an Gütern. Diese Güter sind ihrer wirtschaftlichen Bestimmung nach entweder Konsumgüter oder Produktivgüter. Erstere sind unmittelbar zur Befriedigung der materiellen Bedürfnisse der Menschen bestimmt; letztere dienen zur Erzeugung von wirtschaftlichen Werten: Güter und Leistungen; sie sind also Mittel zur Befriedigung des künftigen Bedarfes. Die Produktivgütervorräte sind technisch betrachtet entweder Gebrauchsmittel, sie werden konsumiert, aber ihr Konsum wirkt produktiv, wie z. B. die von der wirtschaftlich tätigen Bevölkerung konsumierten Gütervorräte oder es sind Erzeugungsmittel, die unmittelbar zur Bedarfsbefriedigung nicht verwendbar sind, direkt oder mittelbar aber zur Erzeugung von Konsumgütern dienen.

§ 16.
Die rechtliche und wirtschaftliche Verteilung der Gütervorräte: Kapital und Vermögen.

Diese Gütervorräte stehen teils im unbelasteten, teils in einem mit Rechten anderer Wirtschaftssubjekte belasteten Eigentum des Subjektes, das die Wirtschaft, in der die Güter sich zur Gütererzeugung, zum Konsum oder zur Weiterveräußerung befinden, leitet, oder sie stehen im Eigentum anderer Personen. Oft ist auch das wirtschaftende Subjekt anderer Personen verschuldet, so daß auch seine Gütervorräte anderen Personen verhaftet sind. Die Summe aller Rechte, die einer Person an dem im eigenen oder in fremdem Besitz befindlichen wirtschaftlichen Werte, Kapitalien, zustehen — seien diese nun dingliche Rechte oder persönliche Forderungen — nennen wir ihr Aktivvermögen. Diesem Vermögen stehen die Schulden der betreffenden Person, die auf seinem Eigentum ruhenden Lasten, die das Passivvermögen darstellen, gegenüber. Der Überschuß der Aktiva über die Passiva stellt das Reinvermögen jemandes dar, das in der Regel kurz als dessen „Vermögen" bezeichnet wird.

Dieses stellt die eigentliche wirtschaftliche Verfügungsmacht eines wirtschaftenden Subjektes dar; es repräsentiert dessen Anteil an den vorhandenen Gütervorräten und ist recht eigentlich sein Kapital.

§ 17.
Ertrag und Einkommen.

Dem vorhandenen Gütervorrat wächst nun innerhalb eines bestimmten Zeitverlaufes durch die wirtschaftliche Tätigkeit eine bestimmte Menge von Gütern, Produktiv- und Konsumgütern, hinzu. Ferner liefern die vorhandenen Gütervorräte bestimmte Nutzungen oder sie werden konsumiert, dienen aber zur Erzeugung produktiver persönlicher Leistungen. Diesen Zufluß an wirtschaftlichen Werten zu den vorhandenen Gütervorräten, dem Kapital faßt man, rein objektiv betrachtend, als Ausfluß der vorhandenen Gütervorräte auf und redet dann vom **Ertrag** der Volkswirtschaft, der sich zusammensetzt aus den Erträgen der einzelnen Wirtschaften, Unternehmungen und deren Gütervorräte.

Den gesamten Zufluß an wirtschaftlichen Werten in einer Wirtschaft während eines bestimmten Zeitabschnittes nennen wir den Rohertrag, — den Zufluß nach Abzug der durch ihn selbst verursachten Verminderung der bisherigen Gütervorräte — den Reinertrag des in der Wirtschaft angelegten Kapitals.

Die Leiter der produzierenden Wirtschaften, die Unternehmer, berechnen den Wert des Ertrages der Unternehmung auf Grund des Ergebnisses früherer Umsätze von Gütern und Leistungen der hergestellten Art und verteilen den Reinertragswert unter die Teilnehmer an der Produktion: Unternehmer, Kapitalisten, Arbeiter, als Unternehmergewinn Zins, Lohn und Gehalt. Ein Teil des Ertragswertes fließt solchen Personen zu, die nicht direkt an der Produktion beteiligt sind, wie z. B. dem Staat und anderen öffentlichen Körperschaften und durch deren Vermittlung den Beamten derselben. Mit der Gesamtheit der ihnen zufließenden Reinertragswertanteile, die in ihrer Gesamtheit das **Einkommen** einer Person bilden, und die sich als ein fortwährender Zufluß zu dem Reinvermögen der Person während einer Wirtschaftsperiode darstellen, wenden sich die Bezieher als Konsumenten an den Markt, um dort für ihr Einkommen, das sie in Geld oder sonstigen Zahlungsmitteln ausgezahlt erhalten, Güter und Leistungen einzutauschen.

§ 18.
Einkommenverwendung und Kapitalbildung.

Sie sind hierbei nicht auf die im Laufe der Wirtschaftsperiode erzeugten Güter und Leistungen angewiesen, sondern auch die zu Beginn dieser Periode vorhandenen Gütervorräte ebenso wie die zukünftig zu erwartenden Güter und

Leistungen stehen ihnen zur Verfügung. Die Einkommenbezieher können nach ihrem Belieben ihr Einkommen konsumieren oder es sparen, d. h. es zur Befriedigung künftiger Bedürfnisse aufbewahren. Letzteres kann nur so geschehen, daß sie entweder langdauernde Gebrauchsgüter erwerben und zum späteren Konsum aufbewahren oder aber Produktivgütervorräte: Erzeugungsmittel oder Verbrauchsgüter bzw. persönliche Dienste, Arbeitsleistungen erwerben und künftige wirtschaftliche Werte damit erzeugen oder endlich ihr Einkommen, soweit sie es nicht verzehren, fremden Unternehmern zur Verfügung stellen, kreditieren, damit diese dafür zur Produktion künftiger Güter erforderliche Güter und Leistungen erwerben.

Geradeso wie zur Zeit der geschlossenen, verkehrslosen Hauswirtschaft geschieht also auch heute noch das Sparen durch Produktion von Gütern über den augenblicklichen Bedarf hinaus, also durch Fleiß und Sparsamkeit; der Unterschied unserer Zeit der Erwerbswirtschaft gegenüber jener Periode besteht nur darin, daß heute nicht mehr wie damals die Leiter der Produktion für den eigenen Bedarf oder den ihrer Angehörigen, sondern für fremden Bedarf produzieren, und daß man die Güter und Leistungen, die man zur Befriedigung des eigenen Bedarfes braucht, nicht selbst herstellt, sondern im Wege des Verkehrs, des gegenseitigen Austausches von wirtschaftlichen Werten unter den einzelnen Wirtschaften, von anderen Personen bezieht gegen Hingabe der produzierten Güter und Leistungen. Auch sind heute die Leiter der Produktion, welche die Güter in Händen haben und sie verarbeiten und umsetzen, nicht mehr stets selbst die Kapitalisten, d. h. die wirtschaftlichen und rechtlichen Herren über die aufgespeicherten wirtschaftlichen Werte, die Gütervorräte, das Kapital, sondern die Unternehmer produzieren und erwerben vielfach mit Kapital, das im Eigentum anderer Personen steht und von ihnen gepachtet oder gemietet ist oder aber anderen Personen als Sicherheit für ihre Forderungen gegen das leitende Wirtschaftssubjekt haftet. Wirtschaftlich sind nicht die Eigentümer sondern die Gläubiger, die Kapitalisten, die eigentlichen Herren über die Gütervorräte.

Durch die Entwicklung des Kreditwesens zu dem modernen Bankwesen unserer Zeit sind die Banken dann die eigentlichen Herren über das Kapital, d. h. die Gütervorräte bzw. die hiermit erwerbbaren Leistungen geworden. Sie gewähren Kredit und leihen die Kapitalien aus. Der frühere Kapitalsherr und Eigentümer wird Gläubiger oder Aktionär der Bank und damit einfacher Anteilsberechtigter an den Kapitalsmassen, über die die Banken mittelst ihrer Kreditorganisation verfügen. Ob er diesen Vermögensanteil in Gestalt von Noten oder eines Guthabens bei der Bank, von Bankpfandbriefen oder Bankaktien besitzt, ist für die wirtschaftliche Verteilung der Kapitalsmassen gleichgültig.

§ 19.
Das Kapital und der Zins.

Welcher Zusammenhang besteht nun zwischen den Gütervorräten und der Spartätigkeit einerseits, zwischen Kredit und Zins andererseits.

Die Ersparung kann zunächst sehr verschiedener Art sein. Sie kann auf gesteigerter Produktivität bzw. Rentabilität beruhen oder die Folge geringeren Verbrauchs sein. Eine bloße Steigerung der Rentabilität einzelner Unternehmungen ohne entsprechende Steigerung der Produktivität oder Verminderung des Konsums hat keine Vergrößerung der Gütervorräte, sondern nur eine Verschiebung in der Verteilung derselben zur Folge, da, was der einzelne Einkommenbezieher an Gütern durch gesteigerte Rentabilität gewinnt, anderen entzogen wird und die Ersparung der einen auf Kosten der anderen geschieht.

Beruht die Ersparung dagegen auf gesteigerter Produktivität oder vermindertem Verbrauch — letzterer Fall wird wohl in der Gegenwart weit seltener sein als ersterer —, so findet eine Vergrößerung der Gütervorräte in der Zukunft statt. Sparen bedeutet stets einen Umtausch von Gegenwartswerten in zukünftige Güter und Leistungen, Verzicht auf den gegenwärtigen Verbrauch von Gütern und Leistungen zugunsten des zukünftigen. Es bleiben Gütervorräte, die bisher konsumiert wurden, nunmehr unkonsumiert oder sie werden konsumiert, aber unter Steigerung der Produktion für die Zukunft. Zunächst ist dabei die Folge, daß sich Vorräte an Konsumgütern bestimmter Art — es sind die entbehrlichen unter diesen Gütern — anhäufen infolge der Ersparung, da die Unternehmer bei der Erzeugung der Güter mit dem bisherigen oder einem gesteigerten Bedarf an solchen Gütern rechneten.

Die weitere Folge wird dann ein Sinken der Preise dieser Güter sein, solange bis die Unternehmungen ihre Erzeugung der gesunkenen Nachfrage angepaßt haben und der Vorrat an Konsumgütern jeder Art dem Bedarf an solchen entspricht.

Andererseits muß dem Minderverbrauch bzw. der Mehrproduktion schließlich in der Zukunft ein gesteigerter Konsum folgen, da in der Zukunft größere Gütervorräte als bisher zur Verfügung stehen. Nur ist der zukünftige Bedarf bzw. die Mittel zur Befriedigung dieses Bedarfes sind anders geartet als gegenwärtig, d. h. es werden andere Güter zur Befriedigung neuerwachter Bedürfnisse nachgefragt; die Lebenshaltung hat sich gehoben.

Dadurch können vorhandene Gütervorräte unverkäuflich und infolgedessen entwertet werden, bestehende Unternehmungen können eingehen infolge Mangels an Absatz, weil sie ihre Gütererzeugung dem künftigen völlig veränderten Bedarf anzupassen nicht vermögen. Neue Unternehmungen aber werden an Stelle der alten dann Güter anderer Art erzeugen und damit den künftigen Bedarf befriedigen.

Die Richtung der künftigen Gütererzeugung bestimmen in letzter Linie die Einkommenbezieher und Vermögenbesitzer, die es in ihrer Macht haben, ihr Einkommen, das sie als Entgelt für ihre Leistungen als Anteil am Ertrag bzw. Ertragswert empfangen haben, zu konsumieren oder zu sparen, direkt oder indirekt durch Kreditgewährung in wirtschaftliche Werte, Güter und Leistungen ihrer Wahl umzusetzen.

Soweit das Einkommen, d. h. der Anteil am Produktionsergebnis der Wirtschaft, nicht zur Deckung des gegenwärtigen Bedarfes verwendet und konsumiert wird, wird es entweder zur Beschaffung langdauernder Gebrauchs- oder Nutzungsgüter verwendet oder mittelst seiner werden zum Zwecke des Erwerbs oder der Produktion benützte Dienstleistungen und Güter nachgefragt, sei es seitens der Einkommenbezieher, wenn diese selbst Unternehmer sind oder seitens dritter Unternehmungen, an denen der Einkommenbezieher als Gesellschafter, Aktionär, Genosse beteiligt ist oder denen er seine Ersparnisse kreditiert, im Kreditverkehr übermittelt hat.

Je nach dem Verhältnis der Menge und Art der Konsumgüter, die von den Einkommenbeziehern bzw. Vermögenbesitzern nachgefragt werden, zu der Menge und Art der vorhandenen Gütervorräte werden die Preise dieser Güter sinken oder steigen, bis die Konkurrenz der Unternehmer das Angebot der Nachfrage nach den Gütern jeglicher Art angepaßt hat.

Das gleiche ist der Fall beim Sparen, das stets nur sich vollziehen kann durch Herstellung bzw. Erwerb von produktiven Gütervorräten oder von Anteilen, Rechten an solchen in Gestalt von Aktien, Hypotheken, Wechseln, Zahlungsmitteln usw., die alle in letzter Linie Anweisungen auf wirtschaftlich nützliche und wertvolle Güter und Leistungen sind. Wer Kapital sparen und anlegen will, muß wirtschaftliche Zukunftswerte erwerben; er produziert entweder weiter mit den von ihm selbst hergestellten Sachgütern oder aber er veräußert die von ihm produzierten Güter oder seine persönlichen Leistungen gegen Geld und erwirbt mit dem Gelde von anderen Personen hergestellte wirtschaftliche Werte, Güter und Leistungen, um mit diesen zu erwerben und zu produzieren.

Welcher Art die zur Produktion erforderlichen Güter sind, die mit dem ersparten Einkommen nachgefragt werden, hängt von der Technik ab, die in den Betrieben der Produktion herrscht.

Die Hausindustrie erfordert zum Beispiel im Verhältnis zur in der Form der Fabrik betriebenen gewerblichen Tätigkeit weniger Kapitalien in Gestalt von Maschinen, Motoren und Anstaltsgebäuden, Hilfsstoffen wie Kohlen, elektrische Energie usw., dagegen verhältnismäßig mehr persönliche Arbeitsleistungen oder indirekt Konsummittel für die an der Produktion beteiligten Arbeiter. Geradeso wie bei den Konsumgütern bestimmt auch bei den Produktivgütern die Nachfrage der Einkommenbezieher bzw. der Unternehmer, die mit dem von ihnen selbst oder dritten Personen ersparten Einkommen, Ertragsanteilen Güter erwerben, Menge und Art der künftigen Gütervorräte.

Durch die Einkommenbezieher bzw. die sie bei der Kapitalanlage vertretenden Unternehmer wird also die Zusammensetzung der künftigen Gütererzeugung und damit auch der später vorhandenen Gütervorräte bestimmt, da ihre Nachfrage die Preise beeinflußt.

Wieweit diese Zusammensetzung wirklich dem künftigen Bedarf entspricht, hängt davon ab, bis zu welchem Grade die Unternehmer fähig sind, trotz der unter ihnen herrschenden Konkurrenz die Erzeugung von unmittelbar zur Bedarfsbefriedigung dienenden Gütern wie von Erzeugungsmitteln der zu erwartenden Nachfrage anzupassen.

Wir sehen also, inwieweit die Einkommenverwendung und insbesondere die Ersparung auf die Verkehrswerte, die Preise, der wirtschaftlichen Güter und Leistungen und dadurch mittelbar auf die künftige Produktion sowie Größe und Art der künftigen Gütervorräte einwirkt.

Welcher Zusammenhang besteht nun aber zwischen der Größe der Gütervorräte und der Höhe des Zinses?

§ 20.
Der Umlauf von Gütern und Geld.

Die Kreditgewährung vollzieht sich in unserer Zeit stets so, daß Güter und Leistungen hingegeben werden gegen Übernahme der Verpflichtung zur Bezahlung des vereinbarten

Preises seitens des Empfängers. Wer wirtschaftliche Werte veräußert, gewährt aber von der Lieferung an bereits Kredit und er hört nicht auf, Kredit zu gewähren, wenn er bereits Bezahlung in Geld empfangen hat, somit seine Kaufpreis- oder Lohnforderung erloschen ist. Er hat wirtschaftliche Werte hingegeben, ohne andere wirtschaftliche Werte dafür zu empfangen, denn Zahlung ist nicht Leistung wirtschaftlicher Werte.

Durch Empfang der Zahlung hat sich nur sein rechtliches, nicht aber das wirtschaftliche Verhältnis des Kreditgebers zu den Gütervorräten geändert. Gläubiger, Inhaber eines Forderungsrechtes, ist er nicht mehr, aber Kreditgeber ist er geblieben. Der Inhaber von Geld kann sich zwar nicht fordernd an die Gemeinschaft halten für das, was er dem Einzelnen geleistet hat — wie Bendixen[1]) es als charakteristisches Merkmal unserer Wirtschaftsauffassung aufstellt, ein Merkmal, das aber nicht für unsere, sondern für eine kommunistische Wirtschaft zutreffen würde — aber er wird, weil er dem die Allgemeinheit vertretenden Staate direkt oder indirekt, durch Vermittlung des Geldes wirtschaftliche Werte hingegeben hat, jederzeit Leute finden, die eben wegen der bereits geschilderten und begründeten absoluten Kreditwürdigkeit des Staates stets bereit sind, in das Verhältnis eines Kreditgebers zum Staate einzutreten durch Hingabe von Gütern und Leistungen für Geld. In unserer Zeit kann man also von jedem Einzelnen den Gegenwert für das zurückempfangen, was man direkt oder mittelbar für die Allgemeinheit hingegeben hat. Ebenso verhält es sich auch mit dem durch die Banken vermittelten Kredit. Hier kann man gegen Übertragung der von der Bank ausgegebenen Zahlungsmittel von jedem Schuldner der Bank, der durch deren Vermittlung Kredit in Anspruch genommen hat, den Gegenwert für jene wirtschaftlichen Werte erhalten, die man durch Vermittlung der Bank einem ihrer Kunden kreditiert hat.

In unserer Zeit ist also jedermann bereit, Kredit zu

---

[1]) a. a. O. S. 22.

gewähren an Personen, die entweder ihrerseits dem Staate Güter und Leistungen gegen Geld hingegeben haben, oder an diejenigen, für die eine solide Bank die Haftung übernimmt oder selbst als Schuldnerin eintritt, wobei es einerlei ist, ob dies nun so geschieht, daß die Bank ihre selbstschuldnerische Wechselbürgschaft oder ein Indossament auf die vom Kreditnehmer akzeptierte Tratte oder auf den Solawechsel des Kreditnehmers setzt, oder daß die Bank den Wechsel akzeptiert, oder endlich den Wechsel diskontiert und dabei Banknoten bzw. Giroguthaben dafür gibt. Stets übernehmen die Banken dabei, ebenso wie der Staat es beim Gelde tut, die Gewähr dafür, daß, wer Zahlungsmittel für Güter und Leistungen empfangen hat, mit Hilfe der Zahlungsmittel den wirtschaftlichen Gegenwert für das Hingegebene im Wege des Verkehrs erhalten wird.

Die Kreditgewährung vollzieht sich also stets bereits mit der Hingabe von Gütern und Leistungen und nicht erst mit der Gewährung von Gelddarlehen, dem Ankauf von Wechseln usf.

Um Kredit gewähren zu können, muß man, da heutzutage die Kreditgewährung beinahe ausschließlich nicht in Form des Sachkredites sondern des Wertkredites sich vollzieht, zunächst wirtschaftliche Werte hingegeben haben, und wer Kredit nehmen will, muß ebenso erst einmal Güter und Leistungen erwerben gegen Übernahme der Verpflichtung zu zahlen.

Anders wie beim Sachkredit, wo der Kreditgeber — wie der Verpächter, Vermieter — Eigentümer der Sache bleibt oder doch — wie der Darlehengeber beim Sachdarlehen — nach Ablauf der vereinbarten Frist Güter gleicher Art und Menge zur festgesetzten Zeit zurückerhält, wo also gewissermaßen der Kreditgeber nur die Nutzung bzw. den Ertrag des Kapitals veräußert, erwirbt der Kreditnehmer beim Wertkredit das Eigentum der Sache, in dem zugleich auch das Recht auf die Nutzung und den Ertrag enthalten ist. Ist also beim Sachkredit der Zins eine Entschädigung für den Wert der Nutzung, die dem Kreditnehmer zufällt, während das Kapital selbst dem Kreditgeber in unveränderter Form erhalten bleibt, so ist beim Wertkredit in dem für den Erwerb der Güter selbst gezahlten Preise zugleich auch die Vergütung für die dem Kreditnehmer und Eigentümer zufallende Kapitalsnutzung enthalten. Die Kapitalsnutzung entfällt für den Kreditgeber bereits mit der Veräußerung der Güter. Dieser Nutzungsausfall bleibt auch trotz Bezahlung bestehen, und hieran wird nicht im geringsten etwas geändert, wenn der Kreditgeber mit dem als Bezahlung empfangenen Gelde Darlehen gewährt, oder wenn er Kaufpreis bzw. Mietzins stundet. Hierdurch tritt höchstens ein Wechsel in der Person des Kreditnehmers sowie im Rechtsverhältnis zwischen Kreditnehmer und Kreditgeber ein.

§ 21.
Das Kreditangebot und die Kreditnachfrage.

Die Größe und Zusammensetzung des Kapitalvorrates ist ohne Einfluß auf die Höhe des Zinses; sie bestimmt nur die Höhe der Preise. Der Zins wird in seiner Höhe bestimmt durch Kreditangebot und Kreditnachfrage. Diese sind aber in unserer Zeit, in der der Sachkredit nahezu völlig durch den Geld- oder Wertkredit verdrängt worden ist, nicht mehr gleichbedeutend mit Güter- oder Kapitalnachfrage. Wer gegenwärtig Kredit wünscht, hat bereits wirtschaftliche Werte erworben, und wer Kredit gewährt, muß solche Werte schon veräußert, hingegeben haben.

Wie verhält sich nun gegenwärtig die Größe des angebotenen Krediges zur Kreditnachfrage? Jedem Verkauf, jeder Veräußerung steht auf der anderen Seite ein Kauf, ein Erwerb gegenüber, und da hier jedesmal Güter und Leistungen ohne sofortigen Empfang des Gegenwertes hingegeben bzw. empfangen werden, so liegt bei jedem Kauf bzw. Erwerb, der vom Standpunkte des Gebenden Verkauf bzw. Veräußerung ist, bereits eine Kreditgewährung vor. Es steht also stets einem Kreditnehmer ein Kreditgeber gegenüber. Das durch die Hingabe wirtschaftlicher Werte begründete Kreditverhältnis dauert so lange, bis der Veräußerer für die Zahlungsmittel, die er für die hingegebenen Werte erhalten hat, wirtschaftliche Güter und Leistungen im Wege des Verkehrs zurückempfangen, der Erwerber für die empfangenen Güter und Leistungen andere wirtschaftliche Werte gegen Bezahlung hingegeben hat.

Wer nun Güter verkauft und Dienste geleistet und dadurch Geld oder eine fällige Forderung auf Geld erhalten hat, ist in normalen Zeiten stets bereit, auch weiterhin Kredit zu gewähren, d. h. das Geld weiter auszuleihen und damit bis auf weiteres auf die wirtschaftliche Gegenleistung für seine Leistung zu verzichten. Er ist zunächst stets bereit, so lange Kredit zu gewähren, bis er selbst Güter und Leistungen braucht und sich für sein Geld zu beschaffen wünscht. Er ist bereit, Zahlungsmittel, die von einer sicheren Bank ausgegeben sind, in Zahlung zu nehmen und so ohne Zinsvergütung so lange Kredit zu gewähren, bis er selbst, weil er wirtschaftliche Werte empfangen, Zahlungen zu leisten hat. Infolgedessen sind die Banken, da sie unbegrenzt Kredit nehmen können, und sie ja Kredit nur nehmen, um Kredit zu gewähren, imstande, jedem noch so großen Kreditbedarf Genüge zu tun, jeden an sie herantretenden Kreditbedarf zu befriedigen, sofern sie nicht durch gesetzliche oder statutarische Vorschriften in der Schaffung von Zahlungs- und Kreditmitteln beschränkt sind, wie dies in der Darstellung des „Einflusses der Bank- und Geldverfassung auf die Diskontpolitik" ausführlich dargestellt ist.

Jeder Kreditgeber, der Zahlungsmittel für hingegebene Werte empfangen hat, ist ferner bereit, auch auf längere Zeit auf die Aufhebung der Kreditgewährung zu verzichten, wenn er eine auch nur einigermaßen nennenswerte Entschädigung hierfür erhält. Er wird gegen geringen Zins bereit sein, auf die ihm geschuldete Zahlung für kürzere oder längere Zeit zu verzichten, wenn ihm eine sichere Bank die spätere Zahlung garantiert, weil er vom Besitz des Geldes keinerlei Genuß hat.

Infolge der übermächtigen Stellung der Großbanken

als Vermittler im Kreditverkehr den Kreditnehmern sowohl als den Kreditgebern gegenüber und weil sie unbegrenzt sich mittelst Notenausgabe bzw. Girokontengutschrift Kredit zum Zwecke der Kreditgewährung beschaffen können, sind diese Institute in der Lage, den Kreditnehmern sowohl wie den Kreditgebern einen beliebig hohen bzw. niedrigen Zinsfuß vorzuschreiben.

Es mag allerdings sein, daß infolge sinkenden Zinsfußes ein Teil der Kapitalisten, die jetzt sorgen- und mühelos von den Zinsen ihrer sicher angelegten Kapitalien leben, nicht länger mit der weniger einträglich gewordenen Rolle der Kreditgeber dauernd zufrieden sein werden. Diese werden dann den gewährten Kredit zurückziehen und an Stelle ihrer bisherigen Forderungen gegen Unternehmer oder deren Kreditvermittler, die Banken, sich wieder Gütervorräte, Kapitalien bzw. Anteile an solchen in Gestalt von Aktien usw. verschaffen und eigene Unternehmungen damit betreiben bzw. betreiben lassen. Damit übernehmen sie dann aber auch das mit jedem Unternehmen verbundene Risiko, und ihr Unternehmergewinn wird infolge der Konkurrenz immer auf ein bestimmtes, dem Risiko des Geschäftes entsprechendes Maß beschränkt bleiben.

§ 22.
Die Sicherheit der Banken und die Grundsätze der Kreditgewährung.

Sichere Banken können, wie wir sahen, bei entsprechender Kreditorganisation, und falls nicht gesetzliche oder statutarische Vorschriften die Menge der Kreditmittel beschränken, Kredit in unbegrenztem Betrage erhalten, und sie sind daher in der Lage, auch den größten an sie herantretenden Kreditbedarf zu befriedigen, ohne den Zinsfuß erhöhen zu müssen. Sie können genau soviel Kredit gewähren, wie sie selbst besitzen. Der Kredit der Banken hängt aber außer von der Größe des eigenen Kapitals der Banken und der Art seiner Anlage und zwar noch mehr als von diesem von der Vorsicht und Umsicht ab, mit der die Banken bei der Kreditgewährung verfahren. Der Kredit der Banken beruht auf dem Verhältnis, das zwischen dem Wert der Forderungen der Banken und den Verbindlichkeiten derselben besteht, und ist demnach abhängig von der Art und Weise, in der die Banken bei der Kreditgewährung vorgehen. Die Banken, welche den Kredit vermitteln, die Verrechnung des Wertes der gegenseitigen Leistungen und Gegenleistungen im wirtschaftlichen Verkehr durch Noten, Schecks und Girozettel, Überweisung besorgen, haben darüber zu wachen, daß Käufer und Mieter, also die Erwerber, dem gewährten Kredit dem Werte des kreditweise erworbenen Kapitals entsprechend in der Zukunft leistungsfähig sind. Sie haben den Vermögensstand der leihenden Kapitalbezieher zu prüfen und festzustellen, ob dieselben nach ihren persönlichen moralischen, geistigen und körperlichen Eigenschaften und ihrer wirtschaftlichen Leistungsfähigkeit bis zum Ablauf der ihnen gewährten Frist gewillt bzw. genötigt und fähig sein werden, sich des ihnen gewährten Kredites würdig zu zeigen, dem kreditierten Wert entsprechende wirtschaftliche Werte herzustellen bzw. zu erwerben und an die Gläubiger der Banken, die über gegen die Bank gerichtete sofort fällige Forderungen verfügen, abzusetzen. Nur so erhält die Bank dann von den Kreditnehmern die von ihr ausgegebenen Zahlungsmittel und gegen sie gerichteten Forderungen zurück und wird dadurch ihrer Verbindlichkeiten ledig, wofür dann die Kreditnehmer gleichzeitig von ihrer Schuld gegen die Banken befreit werden. Die Bank, so wie sie nur Kredit nimmt, um Kredit zu gewähren, verlangt die Rückgabe des gewährten Kredites, um ihrerseits ihre Schulden zu tilgen. Der Zweck der Banken ist die Vermittlung von Kredit und Ausgleich der gegenseitigen Forderungen zwischen Kreditnehmern und Kreditgebern. In der Periode der Erwerbswirtschaft ist jeder Unternehmer bald Kreditgeber, bald Kreditnehmer. Die Bank vereinigt in sich die Forderungen und Schulden aller Unternehmer und kompensiert sie fortwährend gegeneinander.

Die Bedeutung der Banken liegt vor allem in der Verstärkung des Kredites ihrer Kunden, wie sie gleicherweise ja auch durch die Kreditgenossenschaften erfolgt, durch Ausgleich der Risiken. Je größer die Zahl der Kunden einer Bank, um so sicherer vollzieht sich der Ausgleich zwischen der bei den einzelnen Kreditnehmern verschieden großen Gefahr der Zahlungsunfähigkeit, d. h. der Unfähigkeit, für hingegebene Güter und Leistungen den wirtschaftlichen Gegenwert zu leisten.

Hier liegt auch der Grund für die Überlegenheit der großen Bankinstitute gegenüber den kleineren und für die immer weiter fortschreitende Konzentration im Bankwesen. Ist auch die Größe der Kreditmittel, die sicheren Banken zur Verfügung stehen, an sich unbegrenzt, und sind daher die Banken imstande, durch Ausgabe von Noten und Giroguthaben jeden noch so großen Kreditbedarf zu befriedigen, so können sie doch nicht unbegrenzt an jedermann Kredit gewähren, ohne ihre Sicherheit zu gefährden und ihren Kredit zu untergraben. Sie können vielmehr nur solche Kreditgeschäfte eingehen, bei denen die Gefahr des Verlustes der kreditierten Kapitalien ein bestimmtes Maß nicht übersteigt. Andernfalls würden die Banken, um das Risiko decken zu können, einen zu hohen Zins als Vergütung für die Kreditvermittlung fordern müssen, so daß es unmöglich sein würde, bei derartigen Unternehmungen mit Kredit zu arbeiten. In allen Fällen, in denen das Risiko des Kapitalverlustes ein ungewöhnlich großes ist, können die Banken, da die Einsicht, die sie in das einzelne Unternehmen erlangen können, wegen ihres umfangreichen Geschäftsbetriebes naturgemäß keine allzu durchdringende sein kann, nur schwer sich ein genau zutreffendes Bild von der Größe des Risikos eines Geschäftes machen und danach die Höhe des zu fordernden Zinses richtig bemessen. Bei riskanteren Geschäften ist daher der private Kreditgeber, der unter Umständen das Risiko des Unternehmens besser zu übersehen vermag als die Angestellten der Banken, und der mit eigenem und nicht wie die Banken mit dem ihm anvertrauten Kapital fremder Personen arbeitet, den Banken gegenüber im Vorteil. Wo das Risiko eines Geschäftes nicht übersehbar ist, kann das Unternehmen nur schwer ohne großes eigenes Kapital mit Kredit betrieben werden. Hier ist es unbedingt erforderlich, daß der Unternehmer zugleich Kapitalist ist oder daß Kapitalisten als Gesellschafter, Aktionäre usw. an dem Unternehmen beteiligt sind und Einfluß auf deren Leitung, sowie Anteil am Gewinn haben. Es ist also erforderlich im Interesse der Sicherheit der Banken, daß die von den Banken ausgegebenen Zahlungsmittel: Noten, Giroguthaben, die eine Verbindlichkeit zur Rückgabe von wirtschaftlichen Werten an die Inhaber darstellen, wie alle Verbindlichkeiten der Banken durch sichere Forderungen gedeckt sein müssen. Andernfalls würde ihrer Sicherheit Abbruch getan und die Banken würden ihres Kredites verlustig gehen, da dieser Kredit ja außer von dem eigenen Vermögen der Bank und zwar überwiegend durch den Kredit der Kunden der Bank in ihrer Gesamtheit bedingt ist. Nicht unbedingt richtig ist es aber, wenn behauptet wird[1]), daß nur Waren, im Sinne von mobilen Kapitalien, d. h. wirtschaftlichen Werten, deren Wert vollständig in die aus ihnen bzw. mittelst ihrer hergestellten Güter übergeht, nicht aber stehende Kapitalien sich als Basis für Papiergeldemissionen eignen. Auch stehende Kapitalien können Waren im eigentlichen Sinne, das sind alle absetzbaren wirtschaftlichen Werte, sein.

Nach Bendixen können feste Kapitalien nicht wieder flüssig werden. Diese Behauptung übersieht aber, daß, wenn auch feste Kapitalien nicht selbst wieder flüssig werden können, doch flüssige wirtschaftliche Werte, nämlich Kapitalertrag und Kapitalnutzungen, aus ihnen erwachsen und daß der Wert der fixen Kapitalien sich in der Summe der zeitig ununterbrochen sich folgenden, aber auch wegen der Abnützung und Vergänglichkeit aller Güter zeitlich begrenzten Nutzung der Kapitalien erschöpft. Daher können sehr wohl fixe Kapitalien als Grundlage für die Ausgabe von Zahlungs-

---

[1]) z. B. von Bendixen, a. a. O. S. 47.

mitteln dienen. Diese Zahlungsmittel stellen dann eine Anweisung auf den Wert fixer Kapitalien dar, und die Inhaber können sich nach ihrer Wahl für ihre Zahlungsmittel sowohl das Kapital selbst wie auch periodisch, nach und nach, die Nutzung desselben beschaffen, ohne daß sie in letzterem Falle das Risiko des Kapitalverlustes auf sich zu nehmen brauchten.

Als Basis für Papiergeldemissionen, wie auch für die Ausgabe von Bankzahlungsmitteln, also außer von Noten auch von Giroguthaben, kann an sich jede wirtschaftliche Leistungsfähigkeit, die nicht notwendig in Konsumgütervorräten sich zu äußern braucht, dienen, also jeder in der Gegenwart oder in Zukunft vorhandene Vorrat an Gütern, jede Menge gegenwärtiger oder künftiger Leistungen, — mögen die Güter auch nicht Konsumptibilien, sondern Produktionsmittel: Fabrikgebäude, Maschinen, Rohstoffe, Hilfsstoffe, oder Nutzkapitalien: Wohngebäude, sein — die zu dem Betrage, zu dem der Kreditnehmer den Kredit bzw. das Leihkapital, d. h. die verfügbaren Gütervorräte fremder Personen in Anspruch nimmt, absetzbar sind.

Es ist durchaus nicht erforderlich, daß das letzte Stück Geld verschwindet in dem Moment, wo das letzte Konsumgut verschwindet, d. h. daß das Geld nur Konsumgütervorräte repräsentieren darf.

Das staatlicherseits akzeptierte Geld wie die Banknoten und Bankguthaben sind nicht Anweisungen auf Konsumptibilien, sie sind vom Staate bzw. den Banken ausgegeben für wirtschaftliche Werte, Güter und Leistungen jeder Art, Konsum- und Erzeugungsmittel, Kapitalnutzungen und Dienstleistungen, umlaufendes und fixes Kapital und es genügt zu ihrer Tilgung die Rückerstattung veräußerlicher und damit erwerbbarer wirtschaftlicher Werte überhaupt an die Kreditgeber, die das Geld in Händen haben. Es darf aber kein Geld vorhanden sein, dessen Ausgabe auf nicht vorhandene oder unveräußerliche, d. h. zu ihrem geschätzten Wert nicht absetzbare Güter und Leistungen basiert ist.

Dies allein ist seitens Bank oder Staat bei der Kreditnahme durch Ausgabe von Zahlungsmitteln in Betracht zu ziehen; auf der Beachtung dieses Grundsatzes beruht die Sicherheit und der Kredit der Banken, die Solidität der Kreditorganisation. So sind die Banken imstande, jederzeit ihren Verpflichtungen nachzukommen, die Forderungen, die durch den gegenseitigen Austausch von Gütern und Leistungen zwischen den Kunden der Banken entstehen, gegeneinander auszugleichen, denjenigen, welche durch Vermittlung der Bank den Kreditnehmern wirtschaftliche Werte überlassen haben, andere wirtschaftliche Werte, Güter, Leistungen bzw. Kapitalnutzungen zurückzuerstatten. Wie man alle Arten wirtschaftlicher Werte für Zahlungsmittel hingibt, so genügt es auch, daß man wirtschaftliche Werte irgendwelcher Art für die in seinem Besitz befindlichen Zahlungsmittel erhält.

§ 23.
Die gesetzlichen und statutarischen Vorschriften als Schranken des Kreditverkehrs.

Sind die Banken an sich in der Lage, jeden noch so großen Kreditbedarf mittelst Ausgabe von Banknoten und Bankguthaben zu befriedigen, so wird — wenigstens bei den Notenbanken — ihre Leistungsfähigkeit stark beeinträchtigt und geschwächt durch die durch Gesetz oder Statut den Banken auferlegten Verpflichtungen[1], wie: Reserven in staatlicherseits emittiertem Gelde insbesondere in Edelmetallgeld oder Edelmetall zu halten und Noten und Giroguthaben auf Verlangen in staatlich emittiertes Geld einzulösen. Diese gesetzlichen Vorschriften sind aber genauer betrachtet ein Anachronismus. Sie gehen von der nicht mehr zutreffenden Voraussetzung aus, daß nur der Staat das absolute Vertrauen und deshalb unbeschränkten

---

[1] Vgl. die Schrift des Verfassers über „den Einfluß der Geld- und Bankverfassung auf die Diskontpolitik".

Kredit bei der Bevölkerung besitze und daß die Banken, um ihren Kredit zu erhalten, jederzeit bereit sein müssen, ihre Zahlungsmittel gegen vom Staate ausgegebene umzutauschen und so an Stelle ihrer selbst den Staat als Kreditnehmer zu setzen. Diese Vorschriften sind gegenwärtig, wo der Staat weit häufiger sich bei der Kreditnahme der Vermittlung der Banken bedient als diese genötigt sind, ihren Kredit auf den des Staates zu stützen, wo das Vertrauen auf die Sicherheit der großen Bankinstitute bei der Bevölkerung gerade so groß ist wie das Vertrauen in den Bestand des Staates und wo der Kredit der Banken ebenso groß ist wie derjenige des Staates, um so weniger noch zeitgemäß, als sie nicht die geringste Gewähr bieten für die wirkliche Sicherheit der Banken. Eine Bank kann bei geringer Barreserve aber solider Kreditgewährung weniger zweifelhafte Forderungen besitzen und daher mehr Sicherheit gegen Verluste bieten als eine Bank mit großer Barreserve.

Die den Banken auferlegte Pflicht, die von ihnen ausgegebenen Zahlungsmittel auf Verlangen in vom Staate akzeptierte Zahlungsmittel einzutauschen, zwingt die Kreditinstitute, Reserven Geldes oder in Geld ausprägbarer Edelmetallmengen zu halten, also einen Teil entweder der eigenen oder der kreditweise beschafften Kapitalien in Geld bzw. Edelmetall anzulegen und so zur Gewährung von Kredit an den Staat zu verwenden. Eine solche Reserve in Metall oder Metallgeld ist aber volkswirtschaftlich weniger nützlich, ohne dabei den Kreditgebern mehr Sicherheit zu bieten als eine Deckung der von den Banken ausgegebenen Zahlungs- und Kreditmittel durch sichere, d. h. durch absetzbare wirtschaftliche Werte, die sich gegenwärtig oder künftig im Besitz und Vermögen des Schuldners befinden, gedeckte Forderungen der Banken.

§ 24.
Der Kredit und die Krisis.

Mit einer gewissen Regelmäßigkeit wiederkehrend treten in der Volkswirtschaft Störungen im Absatz und in der

Folge dann Störungen in der Produktion ein, die für die an der Produktion beteiligten Personen: Unternehmer, Angestellte und Kapitalisten schwere Schäden, bisweilen sogar den Verlust ihres ganzen Vermögens und ihren Bankerott oder den Verlust der Erwerbsmöglichkeit, des Lebensunterhalts zur Folge haben. Jede solche Krise veranlaßt aufs neue Erörterungen über die Ursachen der Krisen sowie über die Mittel und Wege, um den Folgen der gegenwärtigen Krisis abzuhelfen und künftigen Störungen des Wirtschaftslebens vorzubeugen. Insbesondere den Mängeln des Kreditverkehrs wird nicht selten eine entscheidende Bedeutung für die Entstehung der Krisis beigemessen.

Welcher Zusammenhang besteht nun in Wahrheit zwischen diesen Krisen und dem Kreditwesen? Unter Krisis im weitesten Sinn verstehen wir jede Stockung in der Erzeugung wirtschaftlicher Werte. Ihre Ursachen können zunächst sehr verschiedener Art sein. Sie können sowohl unmittelbar in den Verhältnissen der Produktion wie in den Absatzverhältnissen liegen. So kann z. B. eine Mißernte in Baumwolle die Textilindustrie zur Einschränkung oder gar vollständigen Einstellung ihrer Tätigkeit zwingen.

Um Krisen ganz anderer Art handelt es sich, wenn Änderungen in der Technik der Herstellung oder des Absatzes eintreten, die bestehenden Unternehmungen infolgedessen den neu entstehenden gegenüber nicht länger konkurrenzfähig sind, wie z. B. das Handwerk auf bestimmten Gebieten gewerblicher Tätigkeit gegenüber der Haus- oder Verlagsindustrie, andere Handwerke und Hausindustrien gegenüber der ohne oder mit durch mechanische Kräfte, wie Dampf, Wasserkraft, elektrische Kraft bewegten Motoren betriebenen Anstaltsindustrie der Manufakturen bzw. Fabriken. Um Krisen solcher Art handelt es sich aber nicht, wenn man in unserer Zeit ganz allgemein von einer Krisis spricht. Wir verstehen vielmehr dann unter „Krise" einen außergewöhnlich starken und jähen Wechsel in der Konjunktur, hervorgerufen durch ein jähes Sinken der Nachfrage auf nahezu allen Gütermärkten. Dieses Fallen der Nachfrage unter das Angebot ist Folge der gegenwärtigen Wirtschaftsverfassung mit ihrer Trennung von Konsumenten und Produzenten und dem freien Wettbewerb unter den Produzenten. Hierdurch wird es dem einzelnen: Produzenten, Händler und Konsumenten unmöglich gemacht, die Schwankungen der Konjunktur, d. h. des Verhältnisses von Angebot und Nachfrage mit einiger Sicherheit vorauszusehen oder zu berechnen, da jeder Produzent bestrebt ist, allein den ganzen Bedarf oder einen möglichst großen Teil desselben zu decken. Die Gütererzeugung wird infolge steigender Nachfrage durch den Wettbewerb der Unternehmer allmählich über den Bedarf hinaus gesteigert, weil jeder Unternehmer, Fabrikant oder Händler, aus der steigenden Nachfrage, die die Preise in die Höhe treibt, möglichst großen Gewinn für sich ziehen möchte. Infolgedessen übersteigt schließlich das Angebot die Nachfrage, und es ist den Produzenten nicht möglich, die durch die Nachfrage anfänglich in die Höhe getriebenen Preise zu halten, obwohl diese Preise die Grundlage der Rentabilitätsberechnung für die Gütererzeugung und den Handel, der durch Ankauf von Waren, insbesondere im Termingeschäft an Stelle der Produzenten das aus den Konjunkturschwankungen entspringende Risiko auf sich nimmt, bilden.

Eine Beseitigung der Krise ließe sich zunächst herbeiführen durch Einschränkung der Gütererzeugung. Der einzelne Fabrikant kann aber nur schwer seine Produktion einschränken, denn solche Einschränkung würde Arbeiterentlassungen und Entwertung des immobilen Kapitals zur Folge haben; außerdem könnte der Produzent, der seine Gütererzeugung einschränkt, infolge dieser Einschränkung durch den Wettbewerb der übrigen Fabrikanten seinen Absatz ganz oder teilweise für immer verlieren. Einen Vorzug bietet hier eine Kartellierung oder ein Monopol in der Erzeugung oder im Absatz; beide erleichtern die Produktionseinschränkung, sie beugen aber zugleich auch der Krise vor, denn bei Kartellierung hat entweder das Kartell oder auch der einzelne Unternehmer, z. B. bei Abgrenzung der

Absatzgebiete der Kartellangehörigen gegeneinander, eine bessere Übersicht über den Markt und die Konjunktur. Eine volle Beseitigung der Krise wäre aber nur möglich durch volle, einheitliche Organisation der Produktion und der Einkommenverwendung, des Konsums wie der Kapitalanlage. Mildern läßt sich die Krisis durch vorsichtige Produktionseinschränkung oder durch Konsumausdehnung, wie z. B. durch eine entsprechende Verteilung der großen Aufträge des Staates und der übrigen öffentlichen Körperschaften, derart, daß diese möglichst in Zeiten der Depression ausgeführt werden, durch Vornahme von Notstandsarbeiten usw.

Aber auch die Kreditorganisation ist nicht ganz ohne Einfluß auf die Entstehung und den Verlauf der Krisis. Leichtsinnige oder doch weniger vorsichtige Kreditgewährung, und zwar einerlei, ob sie gegen hohen oder niedrigen Zins geschieht, wird vermögenlosen Personen die Spekulation erleichtern, sie ermöglicht es solchen Personen, sich an der Gütererzeugung und dem Güterumsatz zu beteiligen und steigert dadurch die Haussebewegung noch über Gebühr. Je weniger vorsichtig und je weitherziger bei der Kreditgewährung verfahren wird, in um so höherem Maße werden sich an der Erzeugung und dem Umsatz von Gütern solche Elemente beteiligen, deren durch ihr eigenes Kapital und Vermögen sowie durch ihre persönlichen, geistigen und körperlichen Fähigkeiten bedingtes wirtschaftliches Können in keinem Verhältnis zu ihrem auf Kredit aufgebauten Unternehmen steht. In dem gleichen Verhältnis aber, in dem diese Elemente unter den Unternehmern die Hausse unnötig übertreiben, verschärfen sie später durch Zahlungseinstellung die Krisis.

Während der Hausse tritt eine immer steigende Bewertung der vorhandenen Gütervorräte ein, da die Unternehmer Gegenwartsgüter aller Art entweder direkt — wie die Erzeugungsmittel — oder mittelbar, durch Vermittlung der Arbeiter und Angestellten — wie die Genußmittel —, zur Steigerung der Gütererzeugung in Anspruch nehmen.

In der Krisis sucht jeder Kapitalist die durch diese Wertsteigerung erzielten Wertgewinne für sich sicher zu stellen, indem er Waren und Wertpapiere verkauft und Geld oder andere Zahlungsmittel sowie sonstige von der Konjunktur unabhängige Wertzeichen zu erwerben sucht. Durch die Krisis verliert zunächst nicht die Volkswirtschaft als Ganzes, sondern es verlieren nur die Unternehmer, die für eigene Rechnung Waren und Wertpapiere zum Zwecke des Weiterverkaufes während der Hausse erworben haben, und die Kreditgeber der durch die Krise zahlungsunfähig gewordenen Unternehmer sowie die von diesen Unternehmern abhängigen Personen, Angestellte wie Arbeiter.

Dagegen ziehen den Gewinn aus der Krise Kapitalisten, welche gegen hohen Zins Kredit gewähren oder Kapitalien und Kapitalanlagen, d. h. Unternehmungen, in denen Kapitalien angelegt sind, bzw. Anteile an solchen in Gestalt von Aktien zu gesunkenen Preisen erwerben, oder den Nutzen davon haben Konsumenten und Unternehmer, die sich zu den niedrigen Preisen für ihr Einkommen resp. mittelst bei den Kapitalisten genommenen Kredites die Gütervorräte aus den Händen der verlierenden Unternehmer beschaffen.

Läßt sich eine Beseitigung des in den Wirtschaftskrisen sich vollziehenden Konjunkturumschwunges durch eine Änderung der Kreditorganisation allein unter der herrschenden Wirtschaftsverfassung der Erwerbswirtschaft mit dem freien Wettbewerb unter den für den Erwerb, d. h. die Güterbeschaffung im Wege des Verkehrs — des Austausches von Gütern und Leistungen — produzierenden Unternehmern nicht ermöglichen, so läßt sich doch durch eine vernünftige Kreditorganisation der jähe Wechsel in der Konjunktur mit seinen nachteiligen Folgen für die an der Gütererzeugung und dem Güterumsatz Beteiligten mildern. Erforderlich ist dazu, daß die Kreditinstitute während der Hausse alle erdenkliche Vorsicht bei Prüfung der Kreditwürdigkeit und Kreditfähigkeit der Personen, die Kredit in Anspruch nehmen, anwenden und nur solchen Personen Kredit gewähren, deren künftige Leistungsfähigkeit mit Sicherheit ihrer Inanspruchnahme des Kredites entspricht.

Den einmal gewährten Kredit aber sollten die Banken den Unternehmern auch, wenn die Hausse ihren Höhepunkt erreicht hat und der Konjunkturumschwung sich vollzieht, weder einschränken noch durch Erhöhung des Zinses verteuern. Es ist durchaus unrichtig, wenn behauptet wird, eine Erhöhung des Zinsfußes sei notwendig, um der Spekulation einen Dämpfer aufzusetzen und eine Überspekulation, eine Übertreibung der Hausse zu verhüten. Die Hausse birgt in sich bereits den Keim des späteren Konjunkturumschwunges. Infolge der endlich gleichbleibenden Nachfrage und der gesteigerten Produktion lassen sich die Preise für die Dauer nicht mehr auf ihrer bisherigen Höhe halten oder gar noch steigern. Dadurch wird aber bereits der weiteren Produktion und Beschaffung von Gütern durch den Handel ein Einhalt geboten, ohne daß eine Einschränkung der Kreditgewährung und Verteuerung des Kredites durch Zinserhöhung nötig wäre.

Durch eine Erhöhung des Zinses wird überdies die Spekulation auf dem Gebiete der Güterproduktion und des Güterumsatzes kaum beeinflußt. Die antreibenden wie die abschwächenden Momente für diese liegen nicht in der Höhe des Zinses sondern in den Preisen, gegenüber deren Schwankungen die Gewinne und Verluste durch die Zinsveränderung kaum in Betracht kommen. Eine Zinserhöhung wird gerade die untüchtigen oder doch unvorsichtiger spekulierenden Unternehmer weniger an einer Übertreibung der Spekulation hindern, als den Gewinn der soliden Unternehmer beeinträchtigen und sie so ungerechtfertigter Weise schädigen.

Ferner wirkt eine Veränderung des Zinsfußes in der Richtung einer Veränderung des Kursstandes der Wertpapiere und begünstigt die für die Volkswirtschaft im ganzen unnütze Effektenspekulation. Wirkt eine Zinsfußermäßigung im Sinne einer Kurssteigerung für Papiere von fester Verzinsung oder Rentabilität, so wirkt eine Zinserhöhung auf ein Sinken des Kursstandes hin, und begünstigt dadurch die Spekulation in Wertpapieren à la baisse.

Die Aufgabe der Banken als der Kreditvermittlungsinstitute ist es, den Kredit zu stützen und zu festigen, und dieser Aufgabe müssen sie, und zwar besonders während einer allgemeinen Krisis genügen. Sie haben dafür zu sorgen, daß die Krisis nicht durch eine Panik verstärkt wird, indem sie Zahlungseinstellungen kreditwürdiger Unternehmer, denen von seiten der Kapitalisten der gewährte Kredit entzogen wird, durch ihre Unterstützung vermeiden. Unter ständiger Berücksichtigung der Sicherheit des gewährten Kredites sollten sie gerade während der Krisis die Kreditgewährung nach Möglichkeit erleichtern und ausdehnen. Auf welche Weise eine Bank durch vernünftige Kreditgewährung vor wie in der Krisis die Heftigkeit des Konjunkturumschwunges zu mildern vermag, zeigt das Beispiel der Bank von Frankreich[1]).

Um den Banken die volle Erfüllung ihrer Aufgaben zu ermöglichen, dürfen sie aber in ihrer Tätigkeit nicht durch mehr oder weniger eng gezogene gesetzliche oder statutarische Vorschriften beengt sein, vielmehr muß die Aufsicht über die Banken darauf beschränkt sein, daß sie nur kreditfähigen und kreditwürdigen Personen durch ihre Vermittlung Kapitalien zur Verfügung stellen. Dafür, daß dies geschieht, bietet aber die Barreserve und Barzahlung der Banken keine Sicherheit, hierzu bedarf es einer umsichtigen und sorgfältigen Leitung der den Kredit vermittelnden und stützenden Organe der Volkswirtschaft, der Banken, und diese läßt sich durch keinerlei Vorschriften, Gesetz oder Statut erzielen; sie ist einzig bedingt durch die persönlichen Fähigkeiten der mit der Kreditvermittlung beschäftigten Personen.

---

[1]) Vgl. die oben zitierte Schrift des Verfassers, S. 39—40, 74.

Printed by Libri Plureos GmbH
in Hamburg, Germany